だいわ文庫

2時間でおさらいできる
戦国史

石黒拡親

大和書房

はじめに

戦国時代は人によって好き嫌いが分かれる時代です。嫌いな人からは「似たような名前ばかりでゴチャゴチャする」とか、「あちこちで戦いばかりおこっていてイヤ」と聞きます。たしかに戦国時代の本を読んでいると、私自身も人物関係がわからなくなってわずらわしく思うことがしばしばです。

そこで、登場回数の少ない脇役を「おじ」や「弟」などと表し、もっと戦い以外の部分にもスポットをあてた本を書いてみたいと思いました。そうすることで人びとの本質を浮き立たせたいと考えたのです。今と変わらぬ人びとの思いにうなずく反面、当時の社会の残虐さには目を丸くするはずです。そのうえで現代を見つめ直せば、暴力が減っていることを実感できるでしょう。未来に希望さえ感じるかもしれません。

戦国時代を学ぶことは、戦いにあけくれた時代を終わらせ、平和をつかんだ人びとを知ることでもあるのです。それは輝かしい偉業だと思いませんか？

現在、私は予備校で日本史の講師をしています。さかのぼれば少年時代に戦国時代が好きだったことが発端です。歴史マンガから始まって、忍者、小説、城のプラモデル……と多くの戦国ファンが通る道を歩いてきました。

ところが大学入試の日本史に携わるうちに、だんだん別の部分に目が向くようになりました。なぜなら入試では城の細かい知識やエピソードなど、まず出題されないからです。むしろ問われるのは、戦国大名の領国経営や農村社会のほうでした。そのおかげで自分の嗜好に偏ることなく、フラットに戦国時代を見わたせるようになりました。するとそこには、思いがけずおもしろい世界があったのです。

この時代には幕府の力が地方におよびません。そのため各地で戦国大名たちがしのぎを削ってさまざまな政策をとり、また百姓たちもたくましく活動していました。「百姓」は江戸時代には農民をさしますが、それ以前は「百の姓を持つ人」つまり、農民を含む庶民のことです。公家や武士などはごく一部の存在にすぎません。大半をしめていたのは百姓なのですから、その動きを知らずに戦国時代をつかむことはできないでしょう。自分が偏っていたことに気がつきました。

それと同時に有名なエピソードのなかに作られたものが多いこともわかってきまし

た。私的な話で恐縮ですが、私の実家のそばに石田三成をたたえる「先祖代々碑」が建っています。碑銘には江戸時代末期に石黒豊蔵という人が建てたとあります。周囲は石黒という名字の家ばかりなので、幼少の頃には近所のおじさんから「石田三成の子孫が『石黒』と名を変えて、今のわしらにつながっとるんじゃ」と聞きました。もちろんそんなはずはありません。しかし当時の石黒少年はそれを信じ、石田三成を討った徳川家康を仇《かたき》のように思っていました。これも作られた物語の一つでしょう。

近年、戦国時代の研究が急速に進んだおかげで、さまざまな事実が明らかになっています。本書ではそれらをふまえて戦国時代を見わたしてみたいと思います。細かい人名や年代などにはこだわらず、できごとの流れや人びとの思い、なしたことを知ってみませんか。それで楽しんでいただけたら、これにまさる幸せはありません。

石黒拡親

2時間でおさらいできる戦国史　【目次】

第1章　戦国時代の幕開け

第2章 村の世界

牧歌的なイメージからはほど遠い中世の農村

戦う村人

第3章 東日本の戦国大名

いち早く戦国時代に入った関東地方

北条早雲にはじまる北条氏5代の百年間

「越後の龍」と呼ばれた上杉謙信

「風林火山」の旗をひるがえす武田信玄

強さを誇示するも戦場で命を落とした今川義元

ハイセンスな「独眼竜」伊達政宗

第4章 戦国大名の領国支配

戦国時代にはいたるところに城があった!

戦国大名の家臣団のなかみ

領国支配のカギは指出検地と貫高制

村と向きあう戦国大名

第5章 西日本の戦国大名

第6章 「天下統一」をめざした織田信長

足利義昭にお供して都入りをはたす

四方八方を敵に囲まれた信長のピンチ

足軽鉄砲隊で武田の騎馬隊を破った長篠の戦い

安土城をつくる！

明智光秀が反逆した本能寺の変

第7章　農民からのし上がって全国統一した豊臣秀吉

主君の敵を討ってポスト信長の座に

家康と戦った小牧・長久手の戦い

アイデアマンの秀吉がとった政策

第8章　江戸幕府をひらいた徳川家康

江戸幕府のはじまりと豊臣氏の滅亡

平和のおとずれ

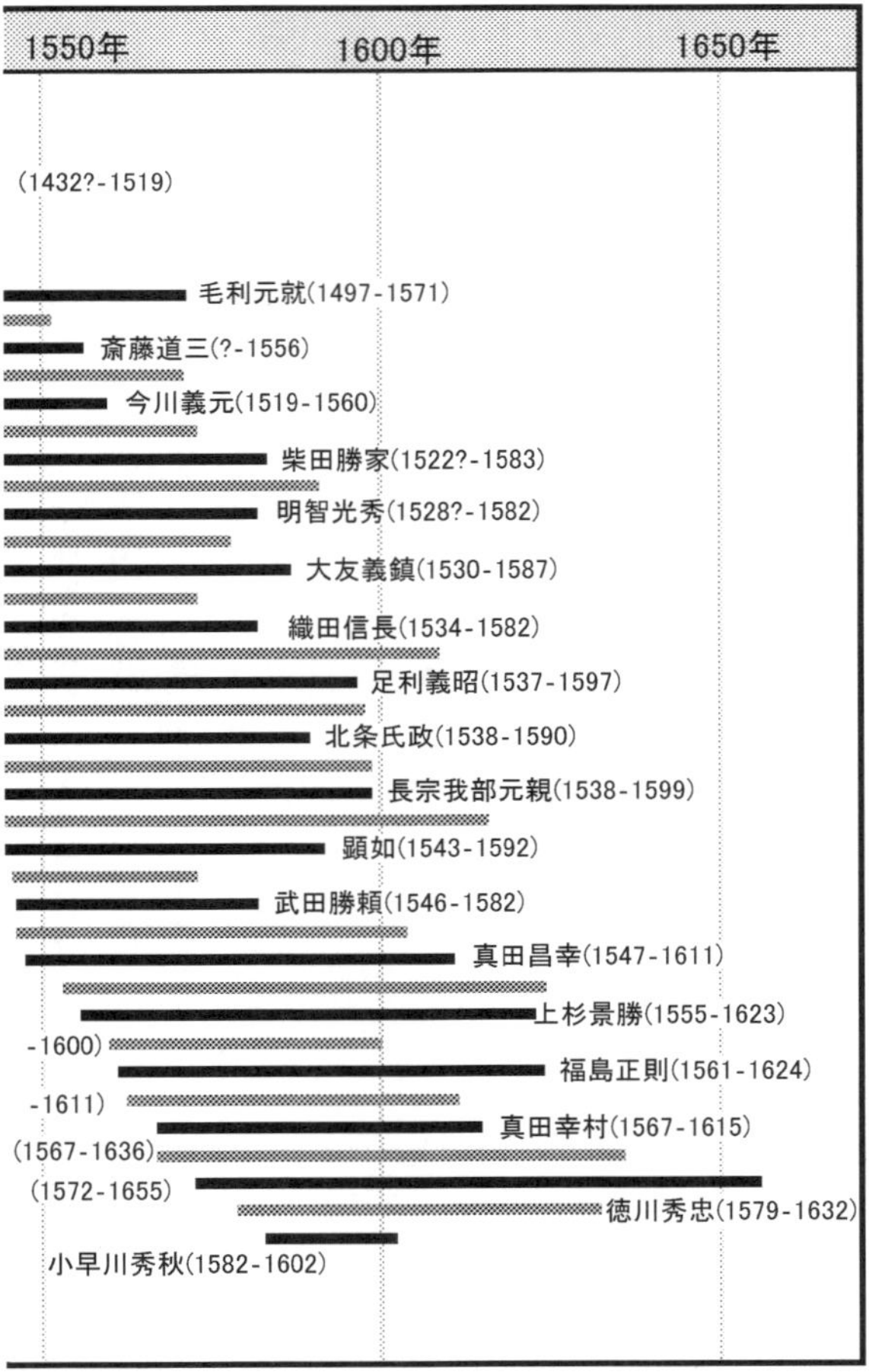

1550年
1600年
1650年
(1432?-1519)
毛利元就(1497-1571)
斎藤道三(?-1556)
今川義元(1519-1560)
柴田勝家(1522?-1583)
明智光秀(1528?-1582)
大友義鎮(1530-1587)
織田信長(1534-1582)
足利義昭(1537-1597)
北条氏政(1538-1590)
長宗我部元親(1538-1599)
顕如(1543-1592)
武田勝頼(1546-1582)
真田昌幸(1547-1611)
上杉景勝(1555-1623)
-1600)
福島正則(1561-1624)
-1611)
真田幸村(1567-1615)
(1567-1636)
(1572-1655)
徳川秀忠(1579-1632)
小早川秀秋(1582-1602)

●戦国時代人物年表

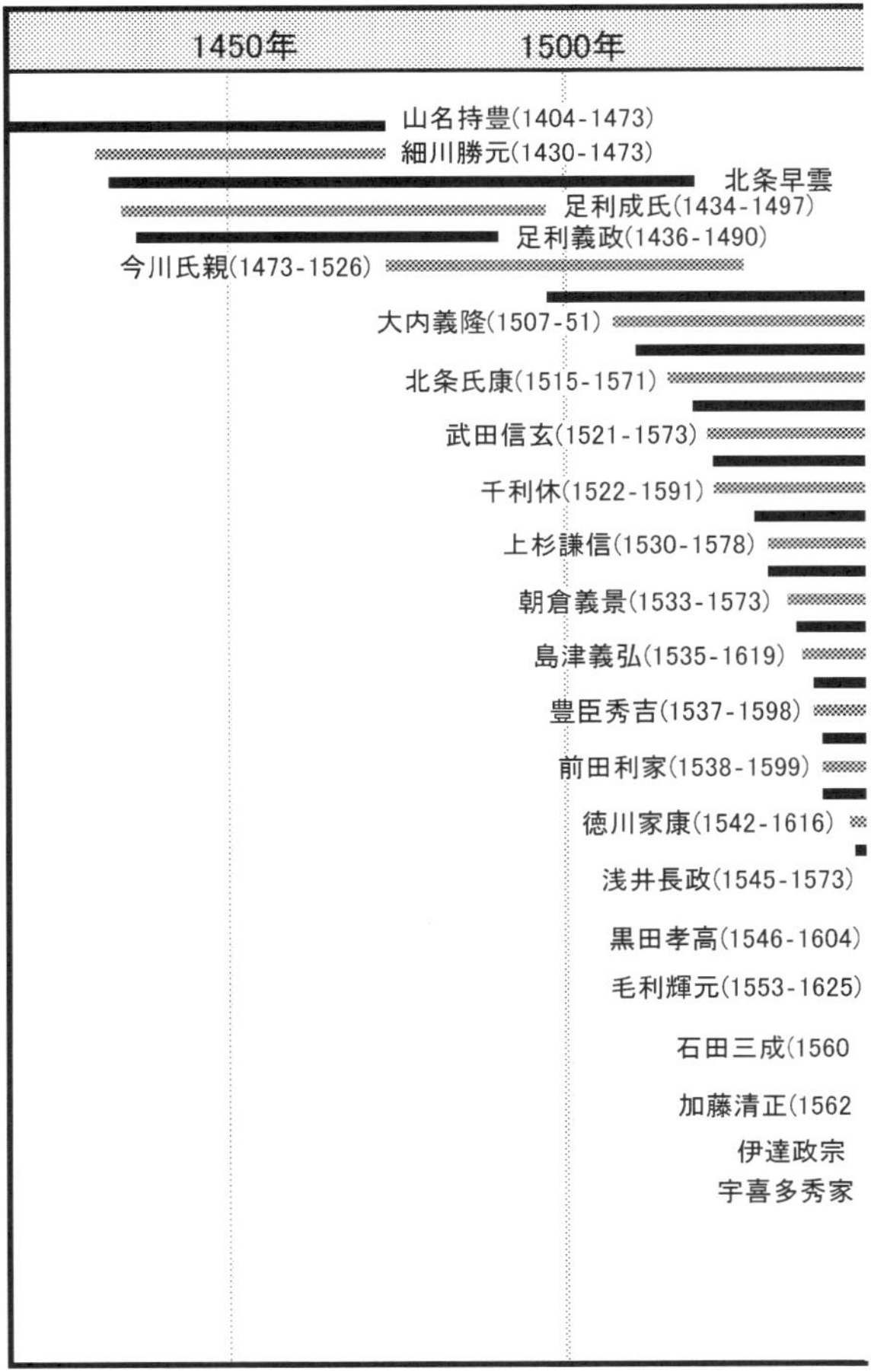

1450年
1500年
山名持豊(1404-1473)
細川勝元(1430-1473)
北条早雲
足利成氏(1434-1497)
足利義政(1436-1490)
今川氏親(1473-1526)
大内義隆(1507-51)
北条氏康(1515-1571)
武田信玄(1521-1573)
千利休(1522-1591)
上杉謙信(1530-1578)
朝倉義景(1533-1573)
島津義弘(1535-1619)
豊臣秀吉(1537-1598)
前田利家(1538-1599)
徳川家康(1542-1616)
浅井長政(1545-1573)
黒田孝高(1546-1604)
毛利輝元(1553-1625)
石田三成(1560
加藤清正(1562
伊達政宗
宇喜多秀家

史料の引用にあたっては、原則として新字・現代かな遣いに改め、適宜句読点やふりがな、送り仮名を追加し、漢字やカタカナをひらがなに直したところがあります。

第1章

戦国時代の幕開け

応仁の乱をきっかけに室町幕府の力はおとろえました。「下剋上」の風潮が広がるなか、足利将軍から守護職に任じられていた大名たちはどうなっていったのでしょう。

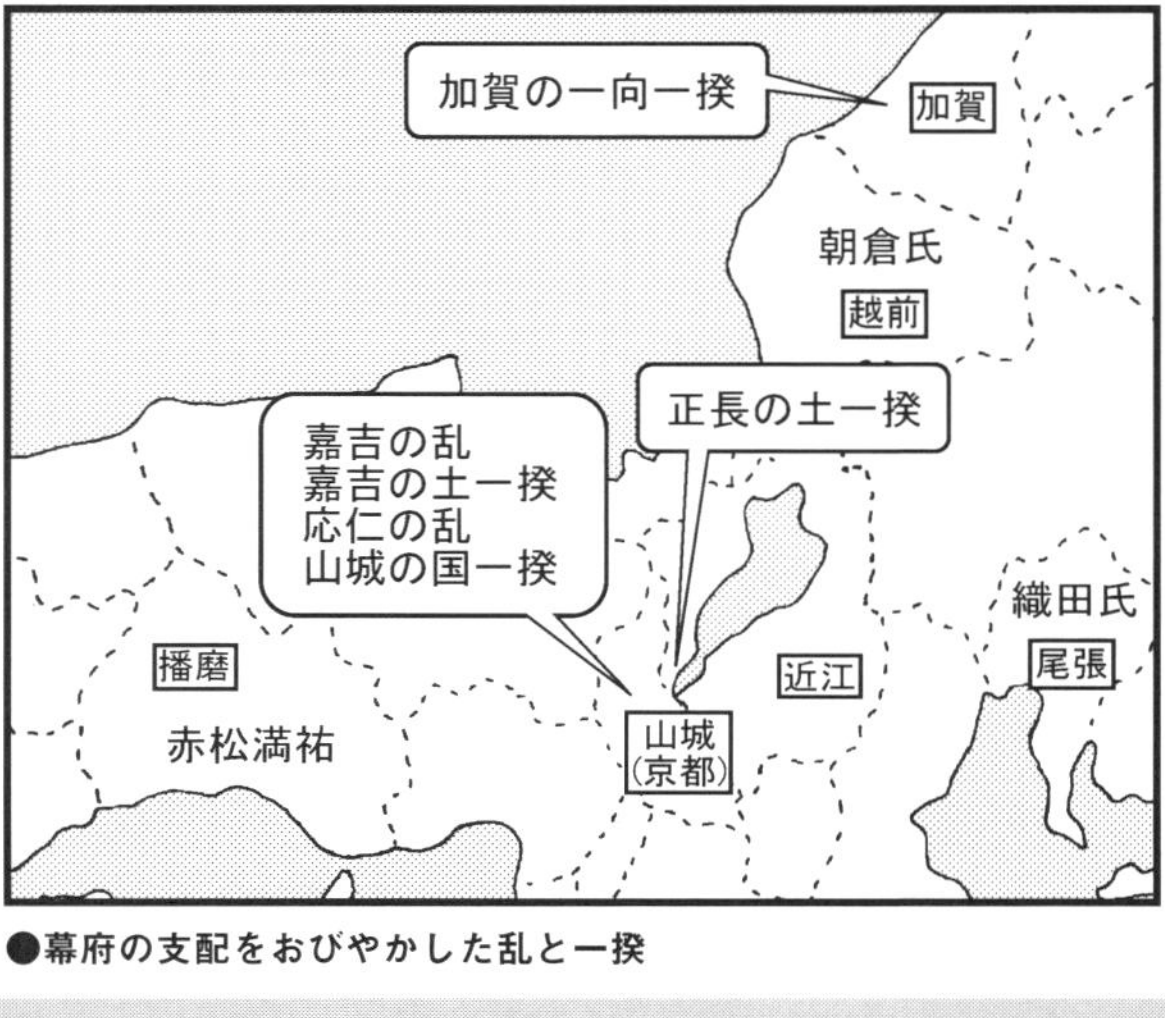

●幕府の支配をおびやかした乱と一揆

戦国時代に入る前には「守護大名」がいた！

ひとくちに「大名」と言っても、時代によって違いがありました。室町時代の「守護大名」、戦国時代の「戦国大名」、そして江戸時代の「大名」と変わっていくのです。まず、戦国時代に入る前の、守護大名から見てみましょう。

❖チカラの強い守護大名が抱える弱点

鎌倉幕府が開かれたとき、武蔵国（おもに今の東京都と埼玉県）とか近江《おうみ》国（今の滋賀県）といった国ごとに、**守護**という役職がおかれました。これは源頼朝の家来が、国ごとに一人ずつ任命された役職で、その国内にいる武士より一段上の立場でした。

はじめはさほど大きな力を持たなかったのですが、室町時代に入ると守護にはさまざまな権限があたえられました。おかげで守護の収入は増え、支配権も強まって**守護**

大名とよばれるようになったのです。やがては功績をあげた見かえりに、いくつもの国の守護に任命される大名もあらわれました。たとえば山名《やまな》一族は、全国の6分の1にあたる11カ国をも支配し、その勢いは足利将軍家をしのぐほどになりました。

そんな守護大名にもいくつか弱点があります。**守護職はあくまでも足利将軍によってあたえられたもので、ずっと同じ国を支配できたわけではありません。**短期間で国を替えられてしまうと、現地在住の武士たちを家臣に取り込むのが難しくなってしまいます。たとえば今なら、出向先がコロコロ変わったら、しょっちゅう部下が変わって大変ですよね？　それと同じです。

また、たとえうまく領国支配ができたとしても、将軍家に目をつけられていじわるされることもあります。戦いに発展することもしばしばで、1391年におこった**明《めい》徳《とく》の乱**では、前述の山名一族が将軍**足利義満《よしみつ》**に攻められ、一時勢力を落としました。

❖本拠地は地方にあっても、京都に住んだ守護大名

鎌倉幕府が神奈川県の鎌倉にあったのに対し、室町幕府は京都におかれました。室

町という名前は、足利義満がつくった花の御所《ごしょ》が京都室町にあったことに由来します。

そして守護大名たちも、自分の実家とは別に京都に家をかまえていました。京都に住んで幕府の政治に参加することが多かったのです。たとえば、将軍を補佐する**管領**《かんれい》という役職には、細川・斯波《しば》・畠山《はたけやま》の三氏が交代でつきました。この三氏を**三管領**といいます。

いっぽう軍事・警察を任務とする侍所《さむらいどころ》の長官には、山名・赤松《あかまつ》・一色《いっしき》・京極《きょうごく》の四氏が交代でつきました。こちらの四氏は**四職**《ししき》といいます。三管領も四職も、みな有力な守護大名家です。守護大名のいない各国では、守護の家臣が「**守護代**《しゅごだい》」となって、守護のかわりに領国支配をおこないました。

この足利将軍の権威が崩れだしたのは、6代将軍**足利義教**《よしのり》のころからです。播磨国《はりまのくに》（今の兵庫県の西部）を本拠地とする守護大名**赤松満祐**《みつすけ》が、京都の自邸に将軍をまねいて殺してしまったのです。当時勢いの盛んだった赤松に対し、将軍義教は守護職を取り上げようとしていました。それを察知した赤松満祐が、先手を打ったというわけです。1441（嘉吉元）年におこった事件なので、**嘉吉**《かきつ》**の乱**とよばれています。戦国時代に入る直前のことでした。

戦国時代のはじまりは、応仁の乱

嘉吉の乱で将軍の威信は大きく傷つきました。当時のある皇族の日記には「将軍此《かく》の如《ごと》き犬死《いぬじに》、古来其《そ》の例《たとえ》を聞かざる事なり」とまで記されています。しかしそれを言うなら、義教の子で8代将軍となった足利義政《よしまさ》の時代には、さらに幕府の権威が崩れました。応仁《おうにん》の乱がおこったからです。

❖次の将軍を誰にするかで大もめ

将軍**足利義政**は男子に恵まれなかったため、弟の**義視**《よしみ》を後継者と決めました。応仁の乱がおこる3年前のことです。ところが翌年、義政と正室**日野富子**の間に男子が生まれたのです。当然、日野富子は自分の子を将軍につけたくなります。富子は有力守護大名の**山名持豊**《もちとよ》（**宗全**《そうぜん》）を頼り、子の**義尚**《よしひさ》を将軍にしようとはかりました。

同じような家督《かとく》（家の跡目《あとめ》）をめぐる争いは、管領家の斯波家や畠山家でもおきていました。そして山名持豊は、有力守護大名の**細川勝元**《かつもと》と対立していたので、多くの者たちが山名氏を大将とする西軍と、細川氏を大将とする東軍に分かれて戦いはじめたのです。

❖なかなか決着がつかず、戦いは泥沼化

戦いは1467（応仁1）年にはじまり、10年におよぶものとなりました。これを**応仁の乱**といいます。

はじめに優位に立ったのは東軍（細川方）です。将軍邸を乗っ取り、義政・義尚・義視の三人をおさえました。しかし、周防《すおう》国（今の山口県の東部）から守護大名の大内氏が上京すると形勢は逆転します。大内氏は西軍（山名方）に味方し、西軍は勢力を盛り返しました。さらにもともと東軍だった義視（将軍の弟）が、幕府を抜け出して西軍に走ったため戦いは混乱し、膠着《こうちゃく》状態におちいりました。

西軍		東軍
山名持豊(宗全)	VS	細川勝元
足利義尚		足利義視
斯波義廉		斯波義敏
畠山義就		畠山政長

●応仁の乱

諸国の守護大名も東軍もしくは西軍に味方して、総勢27万もの兵が京都で戦いました。これは戦国末期におこる関ヶ原の戦いよりも多い人数です。

やがて6年が経ったころ、両軍の大将であった山名持豊と細川勝元が病死しました。配下の武将の寝返りや味方の大名からの反発で、二人とも精神的にかなり追いつめられていたようです。

開戦から10年が経った１４７７年、両軍のあいだに和睦《わぼく》が結ばれ、守護大名たちは領国にくだっていきました。こうして応仁の乱は終わりました。

ところが今度は、各地で戦乱がおこりました。守護大名が長いあいだ京都で戦っていたせいで、各国では**守護代**（P.22）やその下の現地の武士たちが力をのばし、さまざまな勢力がぶつかりあったのです。

たとえば**越前**《えちぜん》**国**（今の福井県の東部）では、守護の斯波氏が京都で戦っている最中に守護代の**朝倉氏**が力をのばし、越前国を乗っ取ってしまいました。朝倉氏は**一乗**《いちじょう》**谷**《だに》（福井県福井市）に城を築き、やがて織田信長と敵対する戦国大名となっていきます。奇しくもその**織田氏**も、同じ斯波氏から**尾張**《おわり》**国**（今の愛知県の西部）を奪った守護代です。織田氏はもともと越前国丹羽郡織田荘の出といわれ、斯波氏が尾張国の守護となったため、その家臣として守護代になりました。もっとも織田氏の中はまとまっておらず、尾張国では織田氏どうしの戦いがつづくことになります。

❖京都の町を荒らしまわった足軽の登場

応仁の乱では「**足軽**《あしがる》」という徒歩で戦う雑兵《ぞうひょう》があらわれました。軽装で動きの機敏な足軽は、敵方の陣地を襲って焼き払うなどしたため、京都の町は焼けて荒れ果てました。名のある武士にも果敢に挑み、権威ある寺院でさえもためらうことなく放火しますなど、やりたい放題でした。逃げまどう人びとを殺害したり、略奪したり、さらにはその妻子を売りとばすなど、やりたい放題でした。

このひどい状況を、摂関家で当時第一級の知識人であった**一条兼良**《かねら》は『樵談治要《しょうだんちよう》』のなかで「此《こ》たびはじめて出来《いでき》れる足がるは、超過したる悪党なり」と書きのこしています。足軽を「度の過ぎた悪党」と非難したのです。

こうした混乱にもかかわらず、将軍足利義政は政治に対し消極的でわれ関せずの態度をとり、乱の最中に将軍職を子の義尚にゆずりました。乱後には、京都東山に**銀閣**

をつくるなど文化の世界に逃避します。これは祖父・義満の**金閣**にならったものですが、名前とはうらはらに銀箔は貼られていません。だからといって文化的に劣るわけではありませんが、片やキラキラの金閣が室町幕府の全盛期につくられたことを思うと、みごとなまでに対照的な建造物です。銀閣がつくられたのは、幕府の権威が崩壊した戦国時代のことでした。

どんどん大きくエスカレートしていった一揆

下剋上の風潮は武士の世界だけではありませんでした。農民などの民衆もこれまでにない反抗的な動きをおこします。揆《き》を一《いつ》にする、つまり目的を同じにして一致団結し――これを「一揆を結ぶ」といいます――上の者に刃向かっていったのです。

❖借金をチャラにする徳政令を出してくれ！

すでに応仁の乱のおよそ40年前、**正長の土一揆**《しようちようどいつき》がおこっていました。これは土民とよばれた一般民衆が、幕府に対して「借金帳消しの**徳政令**《とくせいれい》を出せ！」と叫んで蜂起したものです。幕府は徳政令を出しませんでしたが、一揆勢は金融業者を襲い、担保としてあずけた質物《しちもの》を強引に奪いました。

嘉吉《かきつ》の乱（P.22）の直後には、**嘉吉の土一揆**がおこりました。こちらも幕府に徳政令を求めたものなので、これらの一揆は徳政一揆ともよばれます。現代人にはとんでもない要求に見えますが、正長の土一揆は足利義教が将軍に就任するタイミング、嘉吉の土一揆はその義教が殺され、次の将軍が就任するタイミングにそれぞれおこったものでした。中世には「代始《だいはじ》めには債務を帳消しにして、リセットすべきだ！」という感覚があったのです。

これまでに出された徳政令としては、鎌倉幕府が出した**永仁《えいにん》の徳政令**が有名です。財政的に苦しむ御家人（幕府の家臣）を助けるため、幕府は御家人の借金をチャラにしました。先に示した二つの徳政一揆が特別なのは、御家人でもなんでもない一般民衆の借金を「帳消しにしろ！」と叫んでいる点です。民衆の勢いはすさまじく、嘉吉の土一揆の際には、幕府は折れて山城《やましろ》国（今の京都府の南部）に徳政令を出してしまいます。足利義教が犬死にした後には、こんなこともおきていたのです。

❖守護大名を追い出すほどの一揆があった！

応仁の乱が1477年に終わった後も、畠山氏の一族内は二派に分かれて対立をつづけました。山城国の南半分はその両軍がぶつかる場所だったせいで、現地の人たちは田畑を荒らされ大変な迷惑をこうむりました。そうして１４８５年、南山城に住む現地の武士と農民たちが団結して、畠山氏の両軍に対して「ここから出ていけ！」と要求しました。これに折れた畠山氏が出ていった後には、現地の武士と農民たちによる自治がおこなわれました。足利将軍がいる京都の目と鼻の先で、三管領の一つである畠山氏を追い出したとはすごいことです。このときのことを当時の僧侶は「下極《げこく》上《じょう》の至《いたり》なり」と書いています。「下極上」つまり**下剋上**だと言っているのです。

　この**山城の国一揆**は8年間で崩壊しますが、ほかにも伊賀国（今の三重県の北東部）や近江国（今の滋賀県）などの各地で国一揆がありました。なかでもすごいのは、１４８８年におこった**加賀《かが》の一向一揆**です。

　加賀国（今の石川県の南西部）で一向宗《いっこうしゅう》（浄土真宗）の僧侶・武士・農民らが一揆をおこし、信者約20万人が守護の富樫《とがし》氏を取り囲んだあげく、滅ぼしてしまいました。それ以後、加賀国は一向宗の総本山である**本願寺《ほんがんじ》**の領国となります。宗教による団結だけあって、たやすく分裂することはなく、その支配は百年間近くつづきました。これを倒したのは織田信長の勢力で、１５８０年のことです。

ところで「一揆」というと、農民の反乱というイメージが強いようですが、本来の意味は一致団結した集団のことです。一向宗徒による一向一揆もあれば、法華宗《ほっけしゅう》（日蓮宗）の信者による**法華一揆**や、国人《こくじん》とよばれた在地武士による**国人一揆**などもありました。

将軍が追放された明応の政変

応仁の乱の最中に父から将軍職を受け継いだ**足利義尚**は、近江国守護の**六角氏**《ろっかく》をみずから軍をひきいて攻め立てました。しかし、1年半かかっても倒すことができず、そのまま陣中で没してしまいました。

そのあとをついで10代将軍となったのは**足利義稙**《よしたね》です。義稙は義尚の子ではなく、将軍になりそこねた義視《よしみ》の子でした。しかし、この義稙にも明るい未来はありませんでした。

1493（明応2）年に**細川政元**《まさもと》（応仁の乱の東軍の大将・細川勝元の子）がクーデターをおこし、義稙は幽閉されてしまったのです。これを**明応の政変**《めいおう》といいます。義稙はわずか3年で将軍の地位を追われ、諸国を転々とすることになりました。このため、ついたあだ名が「流れ公方《くぼう》」。将軍の地位が低下する反面、幕府内では細川氏が権力を独占していきました。

第**2**章

村の世界

戦国時代の村人はけっして従順だったわけではありません。みずからルールを定めて裁きをおこない、他の村ばかりか大名までも相手取って戦いました。その実例にせまります。

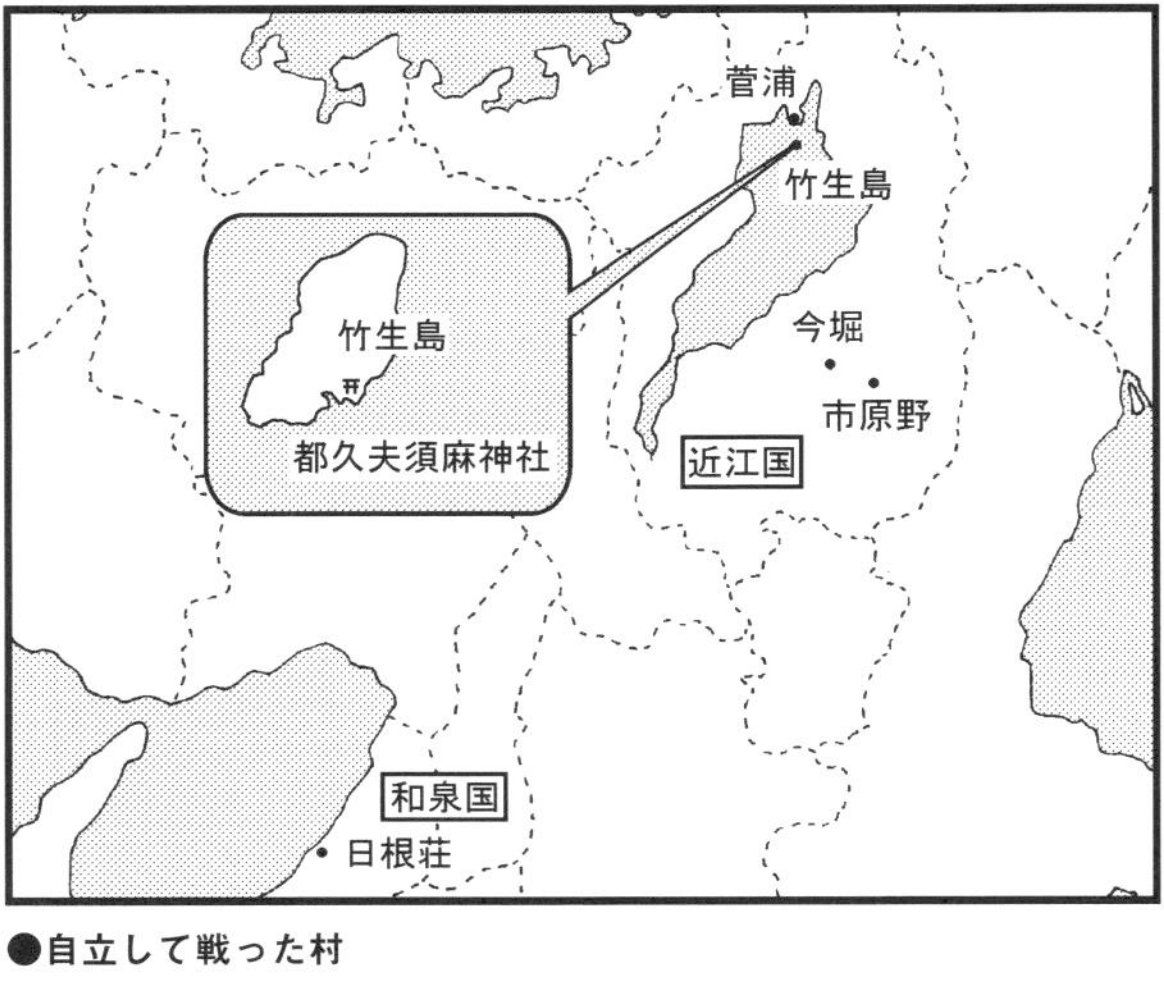

●自立して戦った村

牧歌的なイメージからはほど遠い中世の農村

正長の土一揆にはじまる大きな一揆は、農民たちのパワーを見せつけるものでした。農民というとつい従順な存在をイメージしてしまいがちですが、戦国時代の農民たちはそれとはまったく異なる活動をしていました。また、現代に暮らす私たちにとっては、かなり残虐に見える行動も普通なこととしておこなっていたのです。

❖細かいルールをつくって自治をおこなう村人

室町時代には、自治をおこなう**惣村**《そうそん》とよばれる村がたくさんありました。村人たちがみずからルールを定め、用水や山林などの共同利用地の管理を自分たちでおこなっていたのです。村の話し合いは**寄合**《よりあい》とよばれ、参加できるのは**名主**《みょうしゅ》とよばれる土地を持つ農民だけでした。名主の下にも土地を借りて耕作する作人や、隷属農民の下人《げにん》がいましたが、彼らは寄合に参加できないというわけです。
惣村のルールは**惣掟**《そうおきて》とか村掟とよばれ、たとえば近江国（今の滋賀県）の今堀《いまぼり》で定められたものには、次の規定がありました。

一　惣・私の森林の咎《とが》の事は、
　マサカリキリハ三百卅文《さんじゅうもん》、

これは、惣村共有と私有の森林での罰則で、まさかりで木を刈ったら330文の罰金だと定めています。この後には、鉈《なた》や鎌で刈った場合、手で木の葉を折った場合……と神経質なまでに細かい規定がつづくのです。薪材《まきざい》や食料などを得るためのいわゆる村の裏山が、農民の生活に深く結びついていたことがうかがえます。

❖犯罪者には厳罰を！　嘘か真かはヤケドの有無で決まった

中世社会では盗みは重罪ととらえられていました。和泉国《いずみのくに》日根荘《ひねのしょう》（大阪府泉佐野市）でおこった事件がそれをよくあらわしています。

大飢饉で村人が苦しむ中、村の食糧（わらび粉）を盗んだ者がおり、夜番をしていた村の若者組は犯人を見つけて殺しました。盗みをはたらいただけで、事情を問いただすこともなくいきなり死刑です。

しかもこのとき殺されたのは、犯人だけではありませんでした。犯人が逃げ込んだ巫女《みこ》の家の親子三人までもが殺されたのです。共犯とみなされたからかもしれませんが、厳しすぎると思いませんか？　代官や領主ではなく、こうした村人による制裁を**自検断**《じけんだん》といいます。

この事件の場合は、犯人が現行犯でつかまっていますが、犯人がわからなかったときはどうするのでしょうか。噂だけで犯人をきめつけ、村から追放することもしばしばでした。

また、紛争がおきたときにどちらの言い分が正しいか判断できないようなときには、**湯起請**《ゆぎしょう》がおこなわれました。これは熱湯の中の小石を手で拾わせ、ヤケドの程度でその人の言い分が神意にかなうかどうか、つまり正しいかどうかを判定するものです。古代おこなわれていた**盟神探湯**《くかたち》と似たことが、中世になってもつづいていたわけです。

ちなみに戦国時代には、灼熱の鉄片を握らせる鉄火起請《てっかぎしょう》までおこなわれました。

ここまでくると呆然とするほかありません。あえて解釈すれば、たとえ湯起請でもいいから白黒をはっきりさせることで、村人どうしの不信感を早いとこぬぐい去りたかったのかもしれません。なかなか納得できないことですが……。

こう見てくると村という存在の恐ろしさが目立ちます。しかし裏を返すと、中世の人びとは、村などの集団に属していなければ生きていけなかったとも言えます。現代のような個人の自由はありませんでした。

❖変わっていく荘園のしくみ

平安時代からつづいていた荘園制は、戦国時代には崩れつつありました。

和泉国日根荘のように「○○荘」とよばれた各地の荘園は、いくつかの村で構成されていました。それを管理するのは武士で、その上にいる領主の貴族や寺社に年貢を納めていました。ところが下剋上の風潮が広まるにつれ、荘園年貢が領主に届かなくなっていきました。これまでの秩序が崩壊し、領主に従わない者が増えていったからです。

これが戦国時代の荘園の大きな変化ですが、もう少し複雑な事情がありました。もともと名主たちは、みずから耕作するとともに作人に土地を貸して、小作料を得ていました。そして荘園の代官である武士に年貢を納めると、武士がそれを売却して換金し、領主に対してきめられた金額を納めました。これを**銭納**《せんのう》といいます。

それが惣村では、領主への年貢の計算から納入までのいっさいを、代官を通すことなく百姓みずからがおこなうように変わりました。これを**地下請**《じげうけ》（江戸時代には**村請**《むらうけ》）といいます。地下《じげ》、つまり村に住む者が、年貢納入を請け負うという意味です。

他の村との紛争がおこった際に、領主が村を守ってくれないと、その領主をみかぎる惣村もありました。たとえば紛争が幕府の裁判に持ち込まれた場合には、村は領主にいろいろな便宜をはかってもらいたいものです。しかし、それをしてもらえないとなれば、「お前に領主としての資格はない！」と、村は別の有力者や寺社にすがりました。これはつまり、村の側が領主を選んでいたといえる事実です。

そしてもう一つややこしい話があります。

土地の権利は「**職**《しき》」とよばれ、売買することができました。たとえば名主が作人に貸していた土地の一部を、誰かに売ったりするのです。そうするとその「職」を買った人は、毎年その土地から小作料を得ることができます。職は人から人へ何度も売買されたため、権利関係は複雑に入り組んでいきました。一つの村にいろいろな人が職を持つ状態になります。百姓は一人の領主の支配下にあったとは限らなかったのです。

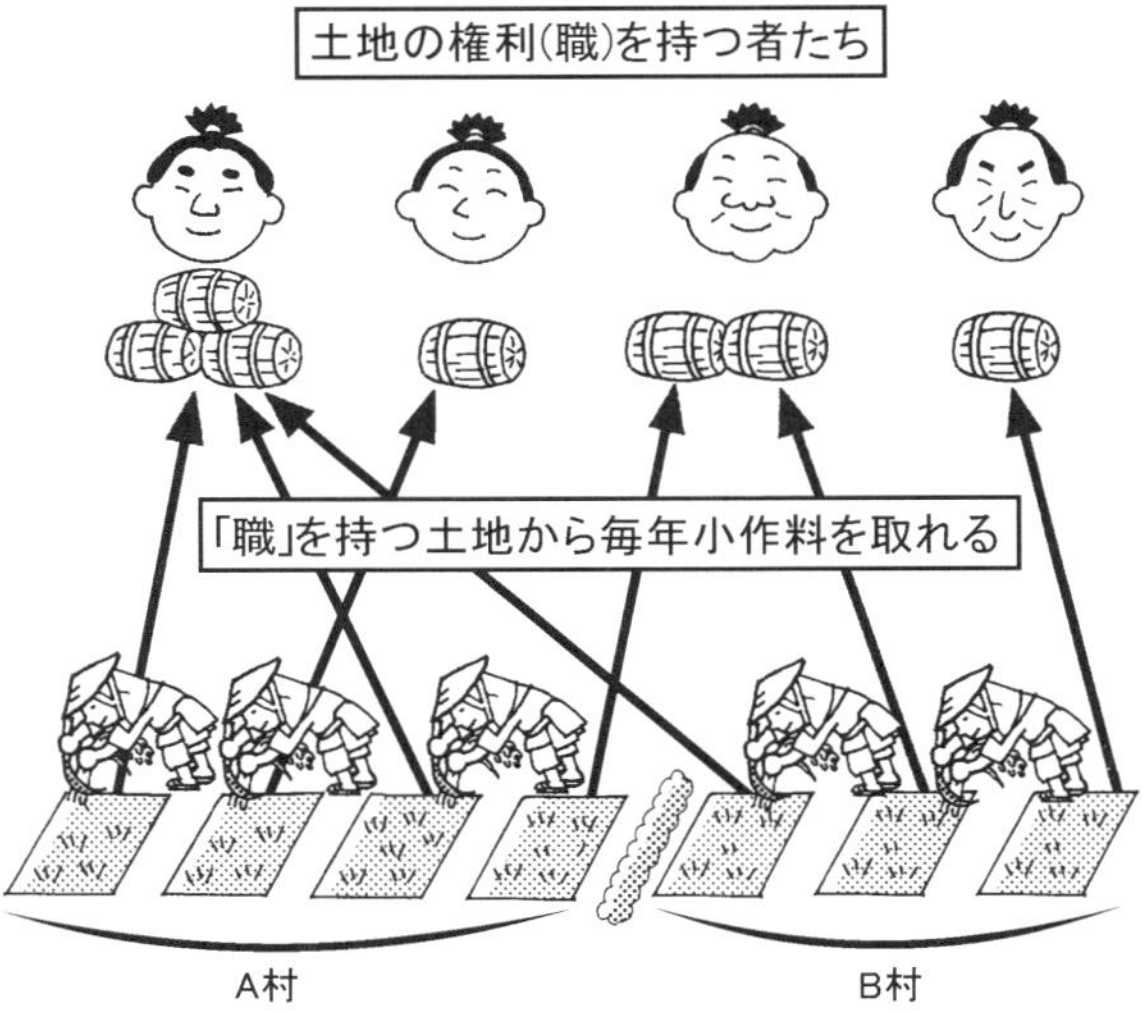

●複雑な土地の権利

❖飢饉に苦しむ人びと

応仁の乱がおこる6年ほど前、**寛正《かんしょう》の大飢饉《だいききん》**がおこりました。餓死者は約8万人にものぼり、中世最大の被害だったといわれます。

しかし、他の年でも食糧不足に苦しみ餓死していった人たちがたくさんいました。千葉県松戸市の本土寺《ほんどじ》には、中世後期の200年におよぶ日々の死者を記録した過去帳がのこされています。これを調べてみると、正長の土一揆がおこった年や応仁の乱の両軍の大将が没した年など、特定の年に突出して多くの人が亡くなっていました。これらの年は他の記録からも飢饉があったとわかっていましたが、それが数字にはっきりあらわれているわけです。

いっぽう、年間の死者数にも共通するサイクルがあることがわかりました。秋は死者が少なく、春・夏に死者が多くなるのです。これは農業で食糧を収穫しにくい**端《は》境期《ざかいき》**（前年の産物にかわって新物が出始める隙間《すきま》の時期）にあたります。地域による違いはありますが、毎年食糧不足に悩まされていたことが見えてきます。

❖したたかに活動する惣村

西日本では鎌倉時代から**二毛作**《にもうさく》がはじまりました。春から秋にかけて米を育て、次の米作がはじまるまでに麦を育てて収穫したのです。これは痩《や》せた土地では困難ですが、室町時代には二毛作は全国的に広まっていきました。裏作である麦には年貢がかからないため、農民としては努力のしがいがあります。このため村によっては生産量は増加していました。

また、**地下請**（P.38）がおこなわれるようになると、領主は毎年きまった額の年貢を受け取るだけになります。村民からの訴えなどがないかぎり、村に対して直接支配することもなくなります。領主といっても、耕地がどれだけあって誰が耕作しているかというような実態も把握できないわけです。そうなってしまうと年貢の増徴もしづらくなりました。

いっぽう村の内部では、**乙名**《おとな》や**沙汰人**《さたにん》とよばれた人たちが村の指導者として、村を経営しました。彼らはしっかり村の帳簿をつくり、村の生産力を把握します。そして、きまった額の年貢さえ納めれば残りは手もとに残るので、当然生産力を高めようと努力をしました。田畑に肥料を入れ、二毛作はもちろん、米麦に加えてソバまでつくる**三毛作**をおこなった地域も出てきました。領主に隠れて新田開発をおこなって、それを「**隠田**《おんでん》」として村が所有することもありました。村はできるだけ領主や代官の影響力を排除しながら、富の蓄積に励んだのです。

❖小さな争いから刀を抜き合う戦いに

戦国時代に来日したキリスト教宣教師の**ルイス=フロイス**は、「われわれの間では二十歳の男子でも、ほとんど剣を帯びることはない。日本の子供は十二、三歳で刀と脇差《わきざし》を帯びて歩く」と記しています。豊臣秀吉の**刀狩令**《かたながりれい》で武器を持つことが制限されるのは、これが書かれた5年後で、それまで民衆はふだんから刀を差していました。農民でも短刀の脇差を持つことはふつうでしたから、争いごとがおこると口論だけではおさまらず、流血騒ぎに発展することはままありました。しかも親類・縁者を巻きこむだけでなく、村どうしの戦いにエスカレートしてしまうこともあったのです。

どうも中世の人たちは、現代人とくらべて個人の生命をひどく軽視していたようです。宗教心のせいからか、死を通過儀礼の一つととらえていた節《ふし》があります。そうした感覚は、現代でも海外でおこるテロ事件に共通性を感じますね。

そうした反面で、彼らは**自尊心《じそんしん》や名誉意識を重視**しました。他人に笑われることを異常なまでに屈辱《くつじょく》と感じ、ひとたび自尊心が傷つけられることがあると、たちまち殺し合いに発展しがちだったのです。「名誉のためなら、自分の命など惜しくない！」と。なんて血の気の多い人たちなんでしょう。できればにこやかなおつきあいをお願いしたいところです。

戦う村人

戦国時代というと武士が戦っているイメージが強いですが、実際には末端の兵は農民でした。それを理解するには、そもそも村人たちが戦っていた事実に目を向けるとわかりやすいはずです。村どうしの戦いと、守護大名の連合軍を相手にした戦いの二つの例を紹介します。

❖琵琶湖の北端で戦い合った2つの村

琵琶湖の北端に菅浦《すがうら》という惣村がありました。南に向かってつき出している葛籠尾《つづらお》崎《ざき》という半島の先端近くにある小さな集落です。当時は交通手段がほぼ船だけというまさに「陸の孤島」で、湖岸にまで山が迫っているためごくわずかな田畑しかありませんでした。おもに林業や運送業などで暮らしを立てていました。

この小さな村が、半島の付け根あたりにある大浦荘と、鎌倉時代後期から約2世紀にもおよぶ争いをくり広げました。争点となったのは、菅浦と大浦荘の間にある2つの田畑の領有権です。そこはこの付近には珍しく開けた地形で、田畑の乏しい菅浦にとってはなんとしても確保したい土地でした。

1445年には村どうしの合戦がおこり、100戸ほどしかない菅浦の村人から16人もの死者が出ました。その後、京都で**湯起請**《ゆぎしょう》（P.36）がおこなわれると菅浦は敗れ、大浦荘の村人に包囲されて村は存亡の危機に立たされました。

こうした合戦では、あらかじめ同盟を結んでおいた他の村々から応援部隊が来ます。これを「**合力**《ごうりき》」といいます。もっともタダではなく、お礼をしなければなりません。こうして戦いは他の村々も巻きこんだ大きなものとなり、菅浦は人的にも経済的にも大変な痛手を被ったのです。

❖有利な状況を整えて、今度は訴訟で勝負

葛籠尾崎の南の竹生島《ちくぶしま》には、伏見《ふしみ》城の遺構がのこる**都久夫須麻**《つくぶすま》**神社**があります。これまで菅浦は、この竹生島に年貢を上納してきました。しかし1445年からの大浦

荘との争いでは、竹生島は菅浦のために働いてくれませんでした。これに怒った菅浦は、「これからは勝手にさせてもらう！」と言って、自分たちを保護してくれる別の領主を求めました。

用意周到に朝廷や幕府の要人、さらには比叡山《ひえいざん》なども味方につけた菅浦は、大浦荘との争いを訴訟に持ちこみました。それがうまくいき、ついに主張を通すことに成功したのです。争点となっていた田畑は菅浦のものとなりました。

ただし喜んでばかりもいられません。一連の争いにかかった費用は相当なもので、なんと菅浦が納める年貢の10年分にも達するほどでした。その多くを借金に頼った菅浦は、数年にわたって返済しつづけることになりました。

すべてが終わったところで、未来の菅浦のためにこの顛末《てんまつ》と教訓が書きのこされました。今も「**菅浦文書《すがうらもんじょ》**」に読むことができます。そこでは勇敢《ゆうかん》に戦って死んだ者たちを讃《たた》えるいっぽうで、訴訟のために奔走《ほんそう》した者たちのことも讃えています。訴訟費用がいくらかかっても、戦いより訴訟のほうがまだマシだと考えていた節がうかがわれるのです。また、報復の連鎖を恐れ、敵対する村人であっても道を歩いているところを不意打ちするようなことは良くないとも書いています。決して戦いを望まず、なるべく穏便《おんびん》な方法での解決を勧めているのが読み取れます。

現在も菅浦には、当時とほとんど変わらぬ100戸がつづいています。大浦地区との摩擦について直接地元の方にお話しをうかがったところ、「今はそんないざこざはない」とのことでした。メッセージは活かされたと言えるでしょうか。

❖あなどりがたい村人の弓術《きゅうじゅつ》

黒澤映画の『七人の侍』ではありませんが、村人が武士と戦うこともありました。伏見宮貞成《ふしみのみやさだふさ》の『看聞日記《かんもんにっき》』には、驚くべき事件が書かれています。嘉吉の乱の2年後の1443年、次のような事件がおこりました。

守護大名の山名氏の家臣たちがいたところに、矢の刺さった鹿が一頭走りこんできました。この矢は、近くで鹿狩りをしていた市原野《いちはらの》（滋賀県東近江市）の村人たちが放ったもので、鹿は逃げまどっていたのです。

武士たちはこの鹿を奪おうとしましたが、村人たちもゆずりません。口論から戦闘に発展してしまいました。両者は弓矢を射かけ合い、その結果武士側は5人が死に、数十人がケガをしました。

事件はこれで終わりませんでした。メンツをつぶされた山名家が数百騎を村に出動させたからです。しかも他の大名家も援軍を出したため、大名連合軍が大勢で村に押し寄せる形となりました。

結果は意外なことになりました。村人側に被害者はなく、逆に大名連合軍に多くの被害者が出たというのです。つまり、村人のほうが強かったと……。

そんなことってあるのでしょうか？

中世の村人は田畑を荒らす害獣を防ぐのに、よく弓矢を用いていました。やがて鉄砲が広まると鉄砲も使うようになります。そこから推測されるのは、村人が日常的にかつ実戦的に弓矢を用いており、弓の扱いに長《た》けていたということです。これは応仁の乱がはじまる20年以上前のできごとですし、むしろ武士のほうが実戦経験に乏しく、弓矢に慣れていなかったのかもしれません。

第3章

東日本の戦国大名

東日本には上杉謙信や武田信玄といった名だたる戦国大名たちがあらわれました。彼らはどのようにあらわれたのでしょう。宿敵となった者もいれば、同盟を結ぶ者もいました。

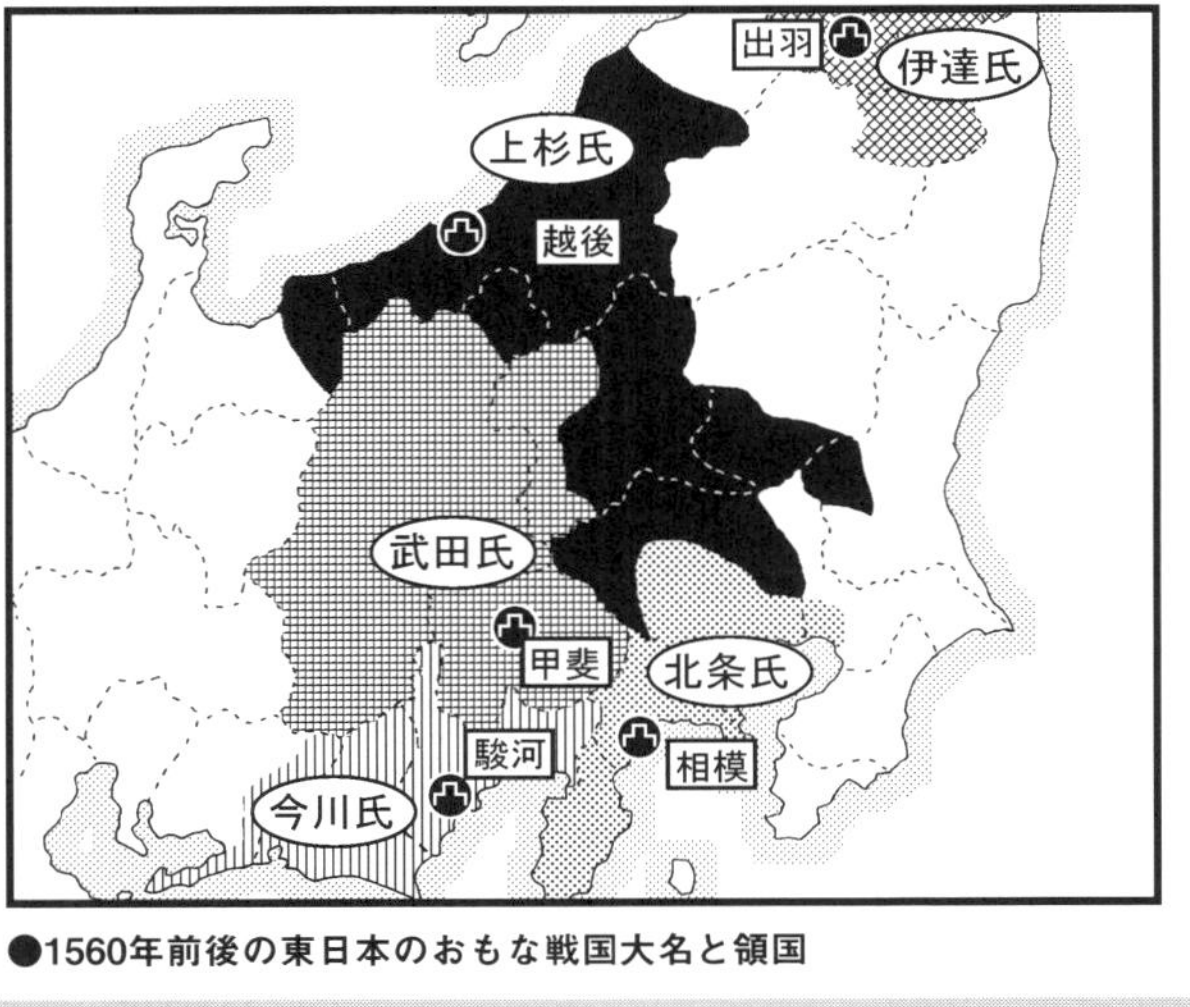

●1560年前後の東日本のおもな戦国大名と領国

いち早く戦国時代に入った関東地方

室町時代の関東地方は、京都の幕府からなかば独立した地域でした。というのは、鎌倉府という小幕府のような機関が鎌倉におかれて、広く10カ国も支配していたからです。関東地方では応仁の乱の前から戦乱の時代に入っていました。

❖ぶつかりあう鎌倉公方と関東管領

鎌倉府の長官である**鎌倉公方《くぼう》**は、足利尊氏の子孫が代々つとめ、それを補佐する**関東管領《かんれい》**は代々**上杉氏**がつとめました。しかし、両者は決して仲良しというわけではありません。むしろ対立することがしばしばでした。

さかのぼってみると幕府全盛期の足利義満の時代に、鎌倉公方が**周防国《すおう》**（今の山口県の東部）の守護大名**大内義弘《よしひろ》**と結んで反乱をくわだてたことがありました。1399年の**応永《おうえい》の乱**です。もっとも鎌倉公方は結局動かず、大内義弘だけが義満に対して反乱をおこして討たれました。その17年後には、前関東管領の上杉禅秀《ぜんしゅう》が反乱をおこし、鎌倉公方の**足利持氏**《もちうじ》が鎮圧するという事件もおきています。

大きな事件となったのは1438年の**永享の乱**《えいきょう》でした。幕府に反抗的な鎌倉公方の足利持氏に対して、6代将軍の足利義教《よしのり》が追討軍を送り、翌年、持氏を自殺に追いこんだのです。もっともこの将軍義教も2年後に嘉吉の乱で殺されました（P．22）。

❖古河公方と上杉氏が戦った享徳の乱

持氏亡き後には、子の**足利成氏**《しげうじ》が鎌倉公方となりました。しかしやはり関東管領と対立し、1454年に成氏は関東管領の**上杉憲忠**《のりただ》を殺害しました。これは応仁の乱の13年ほど前のことです。ここからはじまる関東での戦乱を**享徳の乱**《きょうとく》といいます。

幕府が足利成氏を討伐するための軍を派遣すると、成氏は鎌倉から下総国の古河《こが》（茨城県古河市）に移りました。これ以後、成氏は**古河公方**とよばれるようになります。

すると幕府は、新たな鎌倉公方として**足利政知**《まさとも》を関東に向かわせました。応仁の乱の時の将軍足利義政の弟です。ところが政知は鎌倉に入るのを阻まれ、伊豆国の堀越《ほりごえ》（静岡県伊豆の国市）にとどまることになりました。このため政知は**堀越公方**とよばれるようになります。

この結果、関東は利根川《とねがわ》を境に二つの勢力が争う形となりました。利根川の東側を古河公方の成氏が、西側を関東管領の上杉氏がそれぞれ支配したのです（当時の利根川は現在とは違い東京湾に流れこんでいました）。

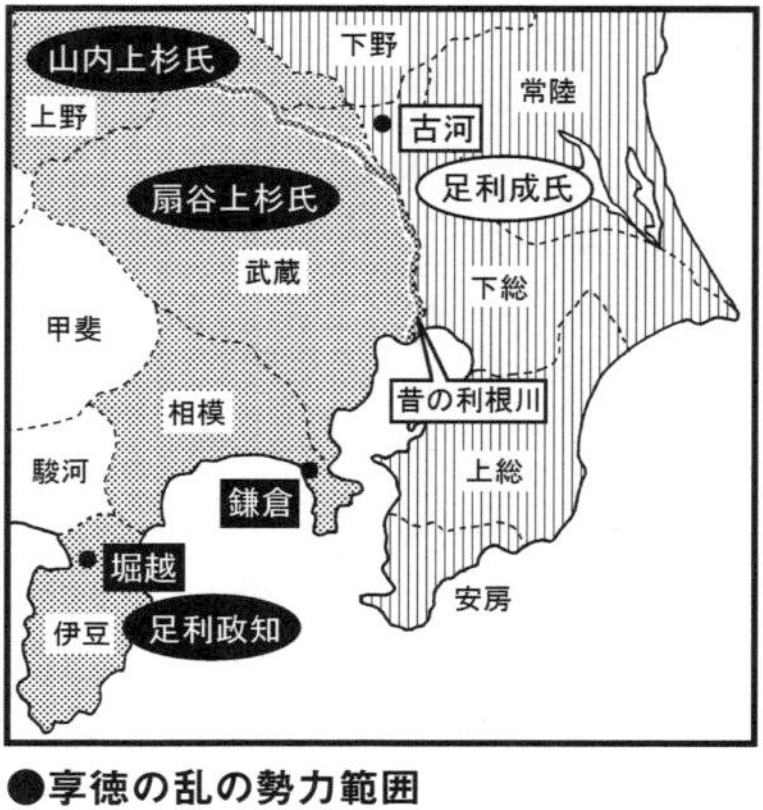

●享徳の乱の勢力範囲

❖上杉氏どうしの戦いでトクした者

享徳の乱は１４８２年までつづき、幕府と古河公方成氏の和睦でおさまりました。

しかし関東の戦乱はこれで終わりませんでした。以前からおこっていた上杉氏の内紛が表面化し、**山内《やまのうち》上杉氏**と**扇谷《おうぎがやつ》上杉氏**が20年近くも戦うことになるのです。

もともと上杉氏には山内・扇谷・宅間《たくま》・犬懸《いぬがけ》の4家があり、このうち山内と扇谷が強く対立していました。両者は古河公方と戦うためには手を組んでいましたが、享徳の乱が終わるとその必要がなくなり、完全に反目しあったのです。戦いのきっかけは、**江戸城**（東京都千代田区）を築いたことで有名な**太田道灌《どうかん》**の死でした。

扇谷上杉氏の重臣であった太田道灌は、和歌をたしなむなど文化的素養をもち、武士たちのあいだで名声が高まっていました。しかし主君の扇谷上杉氏はこれを警戒し、道灌を謀殺してしまったのです。家臣のあいだに動揺が走ると、敵対する山内上杉氏はこれをチャンスとみて、扇谷上杉氏への攻撃をしかけました。

20年近い戦いのせいで、両上杉氏は消耗していきます。そこに漁夫の利を得る者があらわれました。**北条早雲《そううん》**です。やがて関東に広大な領国を築く北条氏の祖です。

北条早雲にはじまる北条氏5代の百年間

山内上杉氏と扇谷上杉氏が対立している隙《すき》をぬって、北条氏は関東に勢力を伸ばしていきます。初代の北条早雲から5代にわたって、およそ百年もの間、広く関東を支配しました。その領国支配のしくみは、他の戦国大名とくらべて進んでいたと評価されるものでした。

❖幼い今川氏親をたすけた早雲おじさん

北条早雲は、よく「浪人からのし上がった戦国大名」と説明されますが、実は違っていたようです。本当は名門伊勢氏の出身で、伊勢盛時《もりとき》という名前でした。「北条」という名字は鎌倉幕府の執権北条氏にあやかって、早雲の子の代になってからつけたもので、なんと早雲の代には「北条」とは名乗っていません。「早雲」の方は出家した際に「早雲庵宗瑞《そううんあんそうずい》」と名乗ったところからきているようです。本書では一般的な「北条早雲」に統一します。

ちなみに出身の伊勢氏は、室町幕府政所の執事をつとめる一族で、早雲は浪人などではなく、将軍足利義政の弟の**義視**《よしみ》に仕える人物でした。その後、妹が**駿河国**《するが》（今の静岡県の中部）守護の**今川氏**に嫁いでいた関係から、妹に誘われ駿河国にくだりました。妹が産んだ竜王丸《りゅうおうまる》（のちの**氏親**《うじちか》）は、今川氏の跡継ぎとされたものの、父が急死した時点では幼すぎたため、家臣が実権を奪おうとしました。早雲は伯父《おじ》として竜王丸をたすけ、竜王丸が元服《げんぷく》（成人）すると今川氏の家督をつがせました。つまり北条早雲と今川氏親は、伯父と甥《おい》の関係だったのです。

この功績で早雲は、今川氏の勢力下にある**興国寺**《こうこくじ》城（静岡県沼津市）をあたえられました。これは１４８７年、応仁の乱が終わってから10年後、関東では山内上杉氏と扇谷上杉氏の戦いが、まもなく始まろうとしている時のことでした。

❖戦国大名・北条早雲伊豆に立つ！

　ところで、堀越公方の足利政知が1491年に亡くなると、政知の子の**茶々丸**《ちゃちゃまる》が、家督をめぐって対立した異母弟とその母親を殺しました。このため伊豆国はしばらく内乱状態におちいります。2年後、茶々丸の兵が他へ出陣した隙をついて、北条早雲は堀越御所をわずかな兵で襲いました。茶々丸は逃亡。早雲は伊豆国の乗っ取りに成功したのです。

　こうして**早雲は今川氏の下から独立し、伊豆国の戦国大名となりました。**「これこそ戦国時代！」というドラマですね。

　実はこの事件、幕府でおこったクーデターの明応の政変（P.32）と連動するできごとでした。茶々丸が殺した異母弟の母親というのは、明応の政変で細川政元が擁立した新将軍の母親でもあったのです。つまり新将軍にとってみれば、茶々丸は母の仇《かたき》という存在なのです。それならば北条早雲の茶々丸攻撃には大義名分が立ちます。早雲は細川政元と連携したうえで伊豆国を奪った可能性が高いです。しかも、堀越公方の勢力を弱めたいという点で利害が一致する扇谷上杉氏にも、事前に根回ししていました。早雲おそるべしです。

早雲は、伊豆国支配の拠点として**韮山城**《にらやま》（静岡県伊豆の国市）を築きました。2年後に相模国《さがみ》（今の神奈川県）の小田原城を奪うと、やがて**相模国も統一**しました。

❖初めて北条と名乗った2代目・氏綱

伊豆・相模領国の支配を確立させた北条早雲が隠居すると、子の**氏綱**《うじつな》があとを継ぎました。氏綱は**小田原城**に本拠地を移し、さらに武蔵国（おもに今の東京都と埼玉県）に進出、下総国《しもうさ》（今の千葉県の北部）にも手を出していきます。

そしてよそ者というイメージを脱するために「**北条**」と名を改めました。みずからを鎌倉時代の北条得宗家《とくそうけ》の継承者と位置づけることで、関東を支配することの正当性をアピールしようとしたわけです。氏綱は、荒廃していた鎌倉の**鶴岡八幡宮**の再建にも乗り出しました。この新しい北条氏を鎌倉時代の北条氏と区別して、「**後北条氏**《ごほうじょうし》」とよぶことがあります。

❖北条氏康の謀略の勝利、河越夜戦

北条氏綱が亡くなると、子の氏康《うじやす》が家督をつぎました。この代には奇襲《きしゅう》作戦として有名な**河越夜戦《かわごえやせん》**がおこっています。その顛末《てんまつ》は次のようなものでした。

武蔵国の河越（埼玉県川越市）には、もともと**扇谷上杉氏**の居城がありました。北条氏綱はそれを落とし、武蔵国の大半を制圧するほどになります。しかし氏綱が死ぬと扇谷上杉氏は反撃に出て、**山内上杉氏**と**古河公方**に「一緒に攻撃しよう！」と呼びかけました。このとき古河公方であった足利晴氏《はるうじ》は、北条氏康の妹をめとっていたにもかかわらず、上杉方についてしまいます。三人は新興勢力である北条氏の台頭に危機感を持っていたため、手を結んだのです。

１５４５年、三者連合軍は北条方が守る河越城を包囲しました。その兵数は２万ないし３万。そこに氏康は、８千ほどの兵をひきいて小田原から救援に向かいました。この数では包囲を解くのは厳しいです。両軍は対峙したまま数カ月をすごし、越年してしまいました。やがて氏康は和睦を願い出ますが、これは謀略でした。敵が油断したところを急襲したのです。作戦は成功し、扇谷上杉氏の当主は討ち死にしてお家断絶。山内上杉氏ははるばる越後国（今の新潟県）にまで逃れ、**長尾景虎**《かげとら》（のちの**上杉謙信**《けんしん》）を頼ることになります。そして妻の実家の北条氏を裏切った古河公方は降伏し、北条氏の支配下に入りました。

この戦いは一般に「夜戦」といわれていますが、それが本当かははっきりわかっていません。江戸時代になって書かれた軍記物の記述なので、鵜呑みにできないのです。連合軍の兵数を「8万」としているものなどは、いくらなんでも盛りすぎでしょう。こうした軍記物はある程度割り引いて考えなければなりません。付近の寺院に過去帳がのこっており、そこに記された死者数などから真実を推測することができます。

ところで北条家には、**風魔小太郎**《ふうまこたろう》を頭とする忍者軍団があったといわれています。この河越夜戦でも忍びたちの活躍はあったのでしょうか。これまた史料にのこりにくいベールに包まれた部分です。妄想するしかありませんね。

こうして武蔵国全土を手中におさめた北条氏は、次の代の氏政のときに房総半島の北半分を制圧し、上野国《こうずけ》（今の群馬県）にまで進出していくのです。その向こうにいるのは、強敵**上杉謙信**です。

「越後の龍」と呼ばれた上杉謙信

上杉謙信といえば武田信玄の宿敵として有名ですが、関東にもしきりに侵攻して北条氏をさんざん苦しめました。軍神毘沙門天《びしゃもんてん》を深く信仰し、「毘」を旗印とした謙信にはストイックなイメージが強いです。しかし、恐ろしい面も持ち合わせていました。

❖上杉氏の生まれではなかった上杉謙信

16世紀のはじめ、**越後国**《えちご》（今の新潟県）守護代の長尾家は、主君の守護を滅ぼして、越後国の実権をにぎりました。下剋上をはたしたのです。**上杉謙信**はこの長尾家の末っ子として生まれました。このため元服した時の名前は、上杉でもなければ謙信でもなく、**長尾景虎**です。

父が亡くなると、兄がいったん家督をつぎました。しかし、弟の景虎のほうが戦いにすぐれていたため、家臣から推されて景虎が家督をつぐことになりました。

景虎が拠点としたのは、日本海に面した港・**直江津**《なおえつ》を見下ろす位置にある**春日山**《かすがやま》**城**《じょう》（新潟県上越市）でした。

そうして越後国の統一をはたしたところに、河越夜戦で敗れた山内上杉氏の上杉憲《のり》政《まさ》が逃げこんで来ました。景虎がこれを保護したため、1561年には上杉憲政から、**上杉氏の名跡**《みょうせき》**と関東管領職をゆずり受けました**。のちに出家した際に「謙信」と名乗ったため、今では「上杉謙信」の名前が一番有名になっています。

❖関東の正当な支配者は上杉か？　北条か？

謙信の治める越後国は、今でこそ「日本一の米どころ」の地位をほこっていますが、当時は生産力の弱い地域でした。雪深いため三毛作など到底できません。そもそも治水が整っておらず、**信濃川**などをコントロールできない状態だったのです。それもそのはず、治水事業のような広範囲にわたる政策は、国を統一して支配する権力者がいなければできるはずもありません。これまでの越後国はバラバラでした。

その越後から謙信が軍をひきいて出撃したのは、おもに関東方面と信濃方面の二つでした。関東方面では北条氏と戦い、信濃方面では武田氏と戦ったのです。謙信は自分を頼ってくる武将たちを助けるために出陣しますが、とりわけ関東方面には「関東の正当な支配者は、関東管領であるこの私だ！」と自分の正当性をアピールしました。北条氏も負けずにアピールします。「北条得宗家の継承者こそ、関東の支配者だ！」と。いや、どっちも本物じゃないんですけどね。

当人たちもそれをわかっていたようで、互いに相手を呼ぶ時に「上杉」「北条」とは呼び合いませんでした。北条氏は謙信のことを「長尾」と呼び、謙信は北条氏のことを「伊勢」と呼ぶのです。あくまでも互いのことを認めませんでした。

❖関東を毎年のように攻撃する謙信のホンネ

関東管領を自称する上杉謙信は、何度も関東に進軍しました。わかっているだけでも1560年から8回も出兵しています。ほぼ毎年のように出陣し、たいていは冬から半年くらい滞陣して帰って行くのです。ある時は小田原城下まで迫りました。もっともたいして領土を広げることなく越後にもどってしまったのですが……。

この行動を冷静に考えると疑問が生まれます。もしこれが現代の戦国天下取りゲームだったら、「8回も攻撃して毎回引き揚げちゃうってヘタすぎだろ。だったら戦力ためていっきに叩けよ！」などとバカにされそうです。あれ？ 上杉謙信のスペックって武力系はＭａｘなんじゃないですか？ おかしいですよね。

実は1566年に上杉軍が常陸《ひたち》国の小田城（茨城県つくば市）を攻め落とした際に、城下に人身売買の市が立ったという記録がのこっています。謙信の命令で、人間が20～30文というかなりの安値で売られていました。しかも長期間にわたってです。

戦国時代の戦場では、略奪や人捕《と》りがさかんにおこなわれていました。敗残兵というのは実に悲惨で、付近の農民の「**落ち武者狩り**」に遭うことがしばしばでした。いくら戦いに生きのびても、敗走する途中で農民に殺されるのです。

そしてこの上杉軍の場合は、出兵の時期が秋の収穫の後で、農業生産の乏しい**端《は》境《ざかい》期《き》**を挟んでいることなどから、略奪そのものが目的だった可能性があります。世間に広まっている上杉謙信のイメージからはほど遠いですが、当時の越後の生産力の低さや、飢饉が意外と多かったことなどを考えると、納得できなくはないことです。

「風林火山」の旗をひるがえす武田信玄

「甲斐《かい》の虎《とら》」の異名《いみょう》をもつ武田信玄《たけだしんげん》は、強力な騎馬隊をひきいて武田軍を指揮し、領土を拡大させました。旗印に書かれた「風林火山《ふうりんかざん》」の四文字は、『孫子《そんし》』という兵法書にある「疾《はや》きこと風の如《ごと》く　徐《しず》かなること林の如く　侵掠《しんりゃく》すること火の如く　動かざること山の如し」に由来します。

❖父を追い出した非情な信玄

武田氏は、源頼朝と同じ清和源氏の流れをくむ一族です。**甲斐国**（今の山梨県）の有力武士としてこれまで何度も守護をつとめてきました。この甲斐国を統一したのが**武田信玄**のお父さんの**信虎《のぶとら》**です。これはつまり、ここまで見てきた戦国大名のような下剋上によって大名となった一族ではないということです。しかし信虎は思わぬ人物に足元をすくわれました。１５４１年になんと、息子の信玄によって駿河《するが》国（今の静岡県の中部）に追放されたのです。その後は信虎の娘が**駿河の大名・今川義元《いまがわよしもと》**に嫁いでいたため、今川氏の保護をうけることになります。

　このクーデターの理由が気になりますね。信虎の独断専行ぶりに家臣たちが反発していたからとか、信虎が信玄よりも弟のほうをかわいがっていたからとも言われています。驚くかもしれませんが、こうした父と子が対立する例は、あとで見る伊達家などにもあり、戦国時代には決してめずらしいことではありませんでした。

❖信玄が取り組んださまざまな富国強兵策

　武田信玄は**躑躅ヶ崎館《つつじがさきやかた》**（山梨県甲府市）に居館をかまえました。この館の北東には、戦《いくさ》の際に立てこもるための要害城《ようがいじょう》という山城も築きました。信玄の特徴をあらわす有名な歌に「人は城　人は石垣　人は堀　なさけは味方　あだは敵なり」という一首があります。人材や人とのつながりの大切さをうたうものですが、だからといって軍事施設を軽んじたわけではありません。むしろ武田流築城術などもあって、敵方の城を奪うと作り変えることはしばしばでした。もっとも際立つ特徴は、城の入口の前に「**丸馬出**《まるうまだし》」を設けることです。下の図のように、門に近づく敵兵を攻撃しやすい施設です。

　信玄は農業生産力を高めるために治水事業にも取り組みました。甲府盆地を流れる釜無川《かまなしがわ》と御勅使川《みだいがわ》の合流地点に、さまざまな工夫をこらした**信玄堤**《づつみ》とよばれる堤防をつくったり、黒川金山の開発や「**信玄棒**《ぼう》**道**《みち》」

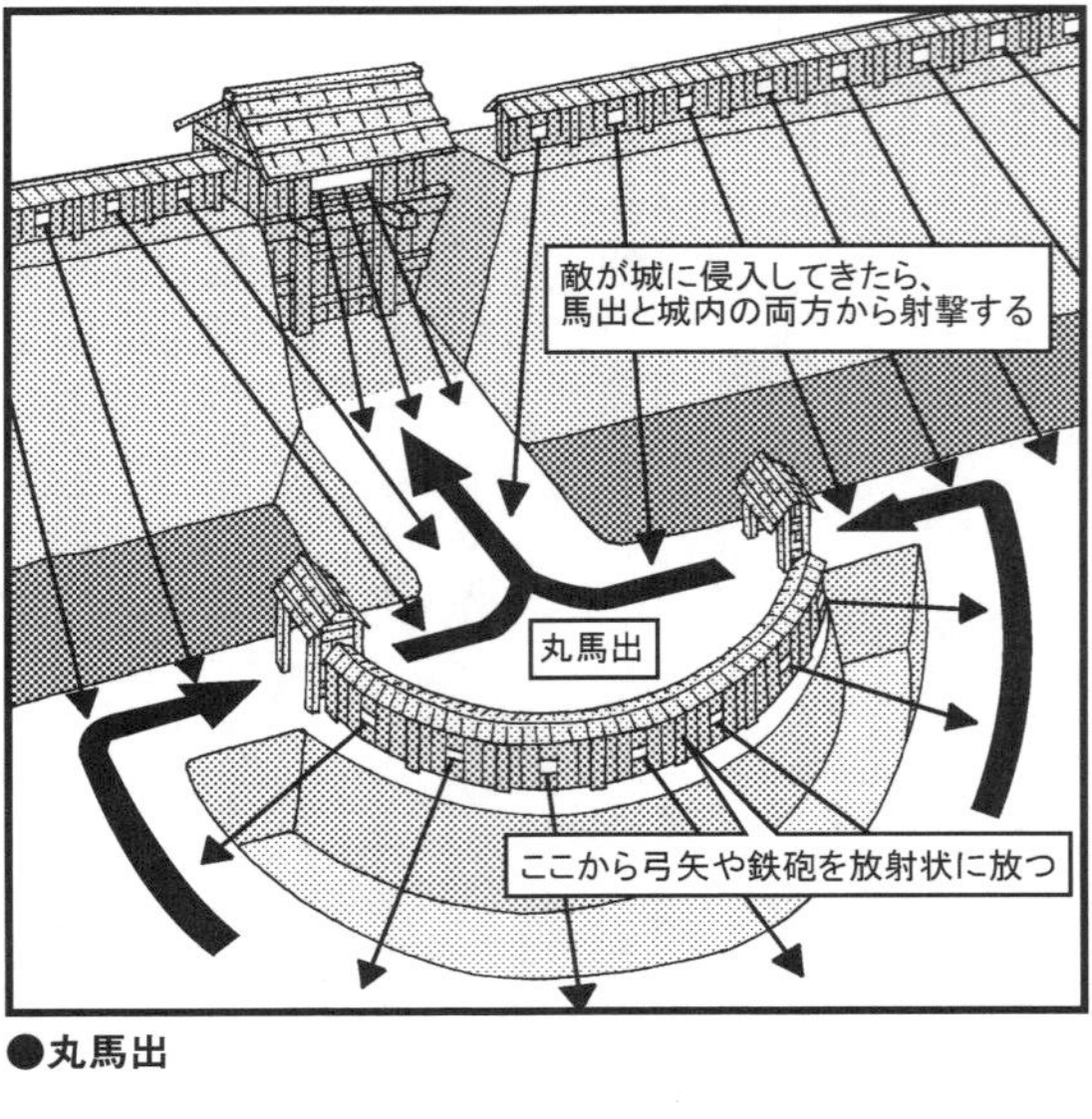
敵が城に侵入してきたら、
馬出と城内の両方から射撃する
丸馬出
ここから弓矢や鉄砲を放射状に放つ

●丸馬出

とよばれる軍用道路をつくったりしました。

ふつうの城下町では道路をクランク状に屈折させて、攻めてくる敵兵が先を見通せないようにしています。ところが信玄は、隣国の信濃《しなの》国（今の長野県）を制圧すると、敵に侵入されない安全な地域に幅の広いまっすぐな道路をつくりました。馬駆けで迅速に移動できるようにしたのです。

武田軍は他の大名とくらべて馬の数が多く、騎馬隊が有名でした。それを戦場だけでなく、領国内の移動でも有効活用しようというねらいです。今でも八ヶ岳山麓に「信玄棒道」の一部がのこっています。

❖宿敵上杉謙信との川中島の戦い

すでに信虎の代から、武田軍はまわりの国々に出兵していました。**北条氏綱**とも何度か戦っています。**信玄はまず信濃に侵攻**し、諏訪《すわ》氏を滅ぼしました。その後、北信濃の村上義清《よしきよ》との戦いに苦戦しつつも、家臣の真田《さなだ》氏の活躍などで盛り返し、やがて信濃全域を制圧しました。

武田軍に敗れた村上義清らが、上杉謙信を頼って越後に逃れると、謙信は信濃に出兵しました。信玄もすぐさま出兵し、川中島《かわなかじま》（長野県長野市）でぶつかりました。ちなみに川中島といっても島ではありません。

この**川中島の戦い**は、１５５３年から約10年間に5回ありました。両軍ほぼ互角でなかなか決着がつかず、数カ月滞陣しては引き揚げることをくり返しました。５回のうちもっとも激しい戦闘となったのは、１５６１年の４回目の戦いです。

このときの様子は『**甲陽軍鑑**《こうようぐんかん》』などの江戸時代の史料に書かれており、戦国ファンの間では大変有名です。軍師・**山本勘助**《かんすけ》の献策で「啄木鳥《きつつき》戦法」をとる武田軍に対し、上杉謙信はそれを見抜いて「車懸《くるまがか》りの陣」で応じ、武田軍を壊滅寸前にまで追いこんだ……と。しかし、これらの話は荒唐《こうとう》無稽《むけい》な部分がかなり多く、決して信憑性は高くありません。それをふまえた上で、ここであえて紹介しましょう。

互いの動きを読み合う信玄と謙信は、次頁のイラストの1～5のように動きました。そして両軍は八幡原《はちまんばら》でついに決戦にいたるのです。

朝、八幡原一帯は濃霧が立ちこめていました。霧が晴れて武田軍の目に飛びこんできたのは1万3千の上杉軍です。妻女山《さいじょさん》で不意打ちされて逃げ下ってくるはずが、ま

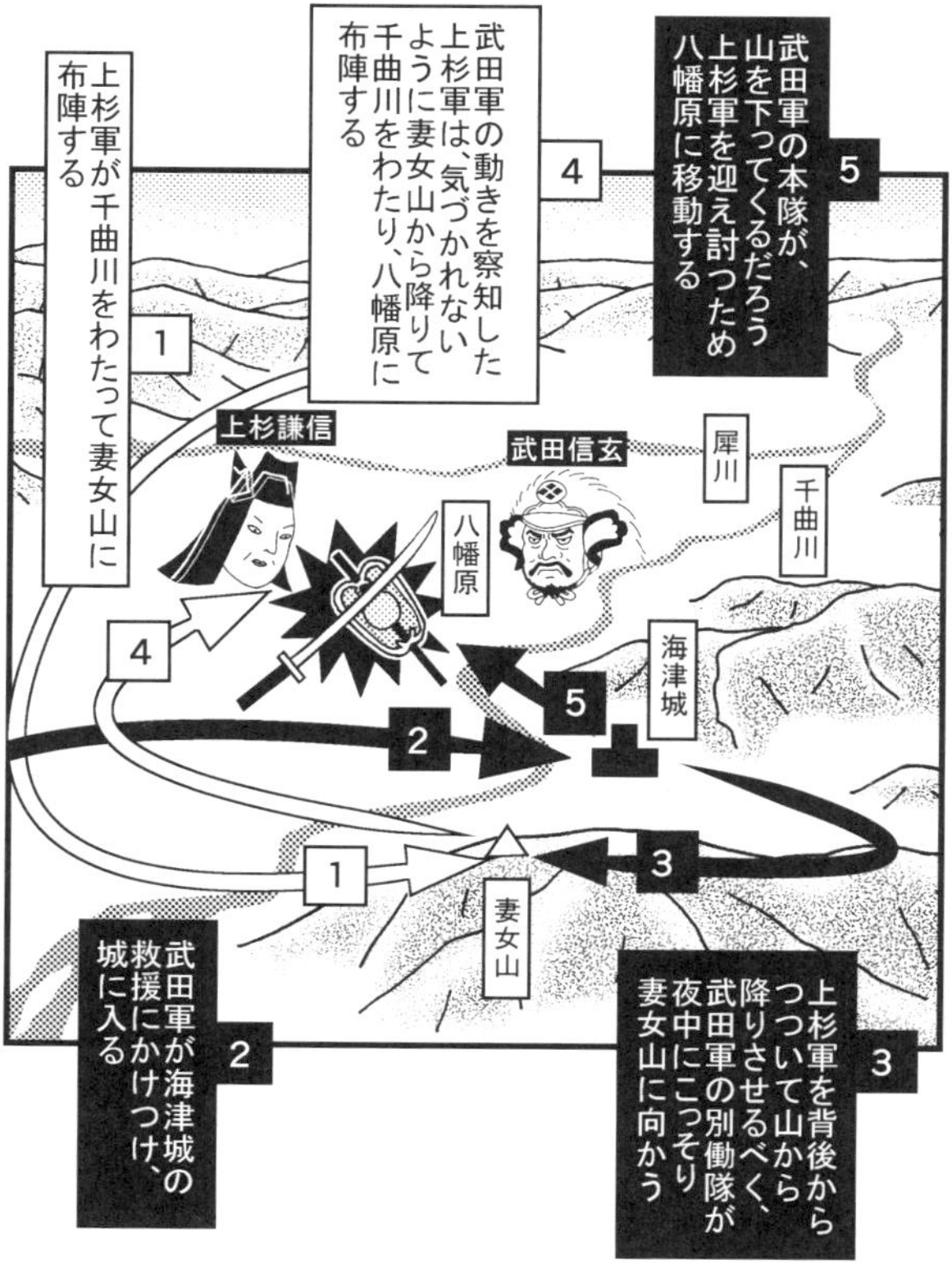
1
上杉軍が千曲川をわたって妻女山に布陣する
2
武田軍が海津城の救援にかけつけ、城に入る
3
上杉軍を背後からつついて山から降りさせるべく、武田軍の別働隊が夜中にこっそり妻女山に向かう
4
武田軍の動きを察知した上杉軍は、気づかれないように妻女山から降りて千曲川をわたり、八幡原に布陣する
5
武田軍の本隊が、山を下ってくるだろう上杉軍を迎え討つため八幡原に移動する
上杉謙信
武田信玄
八幡原
犀川
千曲川
海津城
妻女山

●川中島の戦い

ったく無傷で目の前にいます。ここにいる武田軍は8千。信玄たちはあわてます。

いっぽう妻女山に向かった武田軍の別働隊1万2千は、もぬけの殻の山頂で愕然《がくぜん》としました。謙信に出し抜かれた格好です。あわてて山を駈け下りました。数に劣る武田軍の本隊が、上杉軍に壊滅させられてしまうかもしれないからです。

八幡原では両軍が激突しました。「V」の形に兵を並べる鶴翼《かくよく》の陣の武田軍に、上杉軍が全軍を回転させながら、次々と新手をくり出す波状攻撃をしかけました。これが「車懸り」というわけです。激戦の中、上杉謙信は単騎で武田信玄に斬りかかり、それを信玄が軍配《ぐんばい》でかわしたともいいます。そこに武田軍の別働隊がようやく駆けつけると武田軍は盛りかえし、上杉軍は撤退していきました。

❖残酷な戦いの現場

この**第四次川中島の戦い**では両軍にかなりの死者が出ました。武田軍では信玄の弟の武田信繁《のぶしげ》や、「啄木鳥戦法」を提案したとされる山本勘助も討ち死にしています。
しかし、川中島や善光寺平《ぜんこうじだいら》を中心とする北信濃そのものは、上杉軍が撤退したため武田氏の勢力下に入りました。

ところで先ほどの『甲陽軍鑑』には武田軍の兵が略奪をおこなっていたことも書かれています。たとえば北信濃を制圧した後、越後国に踏みこんで春日山城の近くまで迫った際に、女性や子どもを生け捕って甲斐国に連れ帰り、奴隷にしたというのです。

こうしたことを当時は「**乱取《らんど》り**」と呼んで、戦いにはつきものでした。長い滞陣中に3日も4日も乱取りに明け暮れることもありました。戦場となっていない地域にまで乱取りにくり出したりしています。**長期にわたる戦争が、実は食糧確保もかねていた**ことが浮かび上がってきますね。略奪がうまくいくと「みな信玄様のおかげだ」と喜びました。甲斐国が戦場になるのは信玄の子の時代です。それまで甲斐の人びとは略奪に遭うことなく、逆に「乱取り」で潤っていたのでした。

強さを誇示するも戦場で命を落とした今川義元

桶狭間《おけはざま》の戦いで織田信長に討ち取られることになる今川義元《よしもと》は、大軍で攻めながらも敗死したことから、軟弱な大名というイメージがあります。しかも公家風に輿《こし》に乗っていたせいで、輪をかけて揶揄《やゆ》されます。しかしこれは身分の高い今川家だから許されたことで、自己アピールでした。今川家は守護大名家でありながら、下剋上されずに持ちこたえたという点では、むしろ強い大名家だったのです。

❖格式高く、足利一門だった今川氏

足利一門に属していた今川氏は、代々駿河国（今の静岡県の中部）の守護をつとめてきました。応仁の乱がまもなく終わろうというころ、当主が国人一揆に襲われ亡くなってしまいました。しかし嫡子《ちゃくし》の竜王丸《りゅうおうまる》（のちの**今川氏親《うじちか》**）はまだ4歳という幼さで、今川家をひきいていくことなどできません。家督をめぐる内紛がおこりました。もうおなじみの展開ですね。

竜王丸の母は**北条早雲**の妹でした（P.55）。名を北川殿といいます。彼女は不満分子に襲われる危険を感じて、子の竜王丸とともに身を隠します。彼女の頼みで駿河に下ってきた北条早雲は、この内紛を「竜王丸が元服するまで、いとこが家督を代行する」という形でおさめました。

そして10年の歳月が経ちました。竜王丸は成人して名を氏親と改めます。しかしなかなか家督は譲ってもらえません。そこで北条早雲はいとこを襲って滅ぼし、氏親を家督につけたのです。

こうして駿河国では今川氏親が、守護の立場のまま家臣たちを統率することになりました。武田氏と同じく、**今川氏は守護出身の戦国大名**となったのです。

駿河国をおさえた氏親は、西隣の**遠江《とおとうみ》国**（今の静岡県の西部）に攻めこみます。ここは斯波氏の領国でしたが、すでに越前国を朝倉氏に、尾張国を織田氏にそれぞれうばわれるなど（P.25）、斯波氏は衰退しつつありました。氏親は斯波氏との戦いをくり返し、約25年かかってようやく遠江国を手中におさめました。

❖もしものときのためにスタンバっていた今川義元

1526年に今川氏親が亡くなって長男の**氏照**《うじてる》があとを継いだものの、若い上に病弱のため、母の寿桂尼《じゅけいに》がかわって政治をおこないました。この**寿桂尼**は「女戦国大名」などともよばれる女性で、彼女が出した文書がいくつものこっています。すでに夫が病に伏せっているころから、領国内に寿桂尼の名前でさまざまな命令を出していました。そして、のちに**桶狭間の戦い**で**今川義元**が敗死した後も生きのび、衰退していく今川家を見守りつづけることになるのです。

話をもどしましょう。病弱だった氏照は10年後に亡くなったため、弟たちが家督をめぐって戦いました。

有力武士の家では複数の子がいる場合、あとつぎとして長男を家にのこし、弟たちを出家させ、寺に入れることがよくありました。長男にもしものことがあった場合に、かわりに弟たちがあとを継げるようにというねらいです。

今川氏親には複数の子があり、まさにこうした備えがとられていました。氏照の弟で寺入りしていた二人が戦い、勝った義元が家督をつぎました。

❖戦国大名らしさがにじみ出る今川氏の分国法

今川氏親が晩年に定めた分国法に「**今川仮名目録《かなもくろく》**」があります。義元はこれにプラスして「今川仮名目録追加」をつくりました。そこには戦国大名らしさを感じさせる項目が加えられています。ちょっと長い話になりますが、今川義元の隠れた一面がのぞける話なので、ぜひごらんください。まずは中世の土地の話から入りましょう。

力のあるお寺や神社が領主だと、守護であっても手を出せない所領をもっていることがありました。たとえその所領に犯罪をおかした者がいたとしても、守護は使者を派遣して直接逮捕することができないのです。守護の支配する領国内に治外法権の土地があったというわけです。

こうした守護の介入を拒否する権利を**不入《ふにゅう》の権**と言い、寺社たちはそれを将軍に認めてもらっていました。

しかし領国支配を強めたい今川義元は、「今川仮名目録追加」の中でこの権利を否定したのです。自分の命令に従わない土地など認めたくないからです。おもしろいのは、守護使の不入を認めない論理です。義元は次のように書きました。

> 只今《ただいま》はおしなべて、自分の力量を以て、国の法度を申付け、静謐《せいひつ》する事なれば、しゅごの手入間敷事《ているまじきこと》、かつてあるべからず。

訳してみると、「**現在はすべて自分の力量で、領国支配の法を命じ、国内の平和を保っている**のだから、守護の手が入ってはいけないなどと言うのは、決して許されない」となります。つまり、今川氏は代々守護の立場にありましたから、これまでは守護＝今川氏が派遣する使者を拒否するのが認められてきたが、今はもう違う！　と義元は言いたいのです。

「オレは幕府に守護と任命されて支配しているのではない！　自分のチカラで国を支配しているのだ‼」

なんだか拳を振りあげて叫んでいる気がしてきます。ちょっと「そこにシビれる！」となりませんか？　この**幕府に依存しない姿勢こそ戦国大名の特徴**といえます。

❖武田・今川・北条が結んだ甲相駿三国同盟

今川氏の領国の周囲には、北条氏・武田氏・織田氏がいました。この三者をすべて敵に回したら大変です。このため強豪**武田家とは同盟**を結んでいました。今川義元は武田信虎の娘を妻にもらい、逆に娘を武田信玄の嫡男・義信《よしのぶ》に嫁がせていたのです。

いっぽう北条氏とは、かつては助け合う関係だったのが、このころは領域争いをしばし

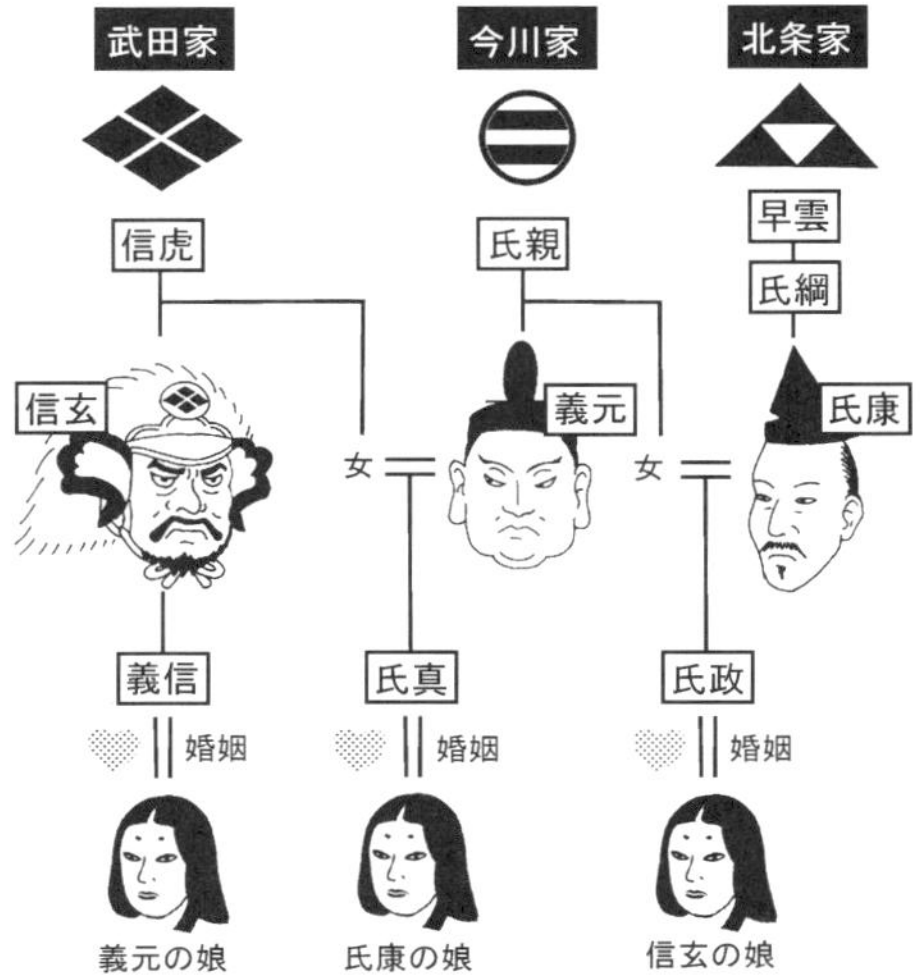

●武田・今川・北条家の関係

ばおこすようになっていました。それを義元は、一転して**北条氏と同盟を結ぶ**ことにしました。というのは、西の三河さらに尾張（ともに今の愛知県）へと勢力を広げようと考えたからです。当時の織田信長は尾張国すら統一できておらず、義元にしてみれば弱小勢力でした。

　1554年、義元は嫡男・氏真《うじざね》の妻に北条

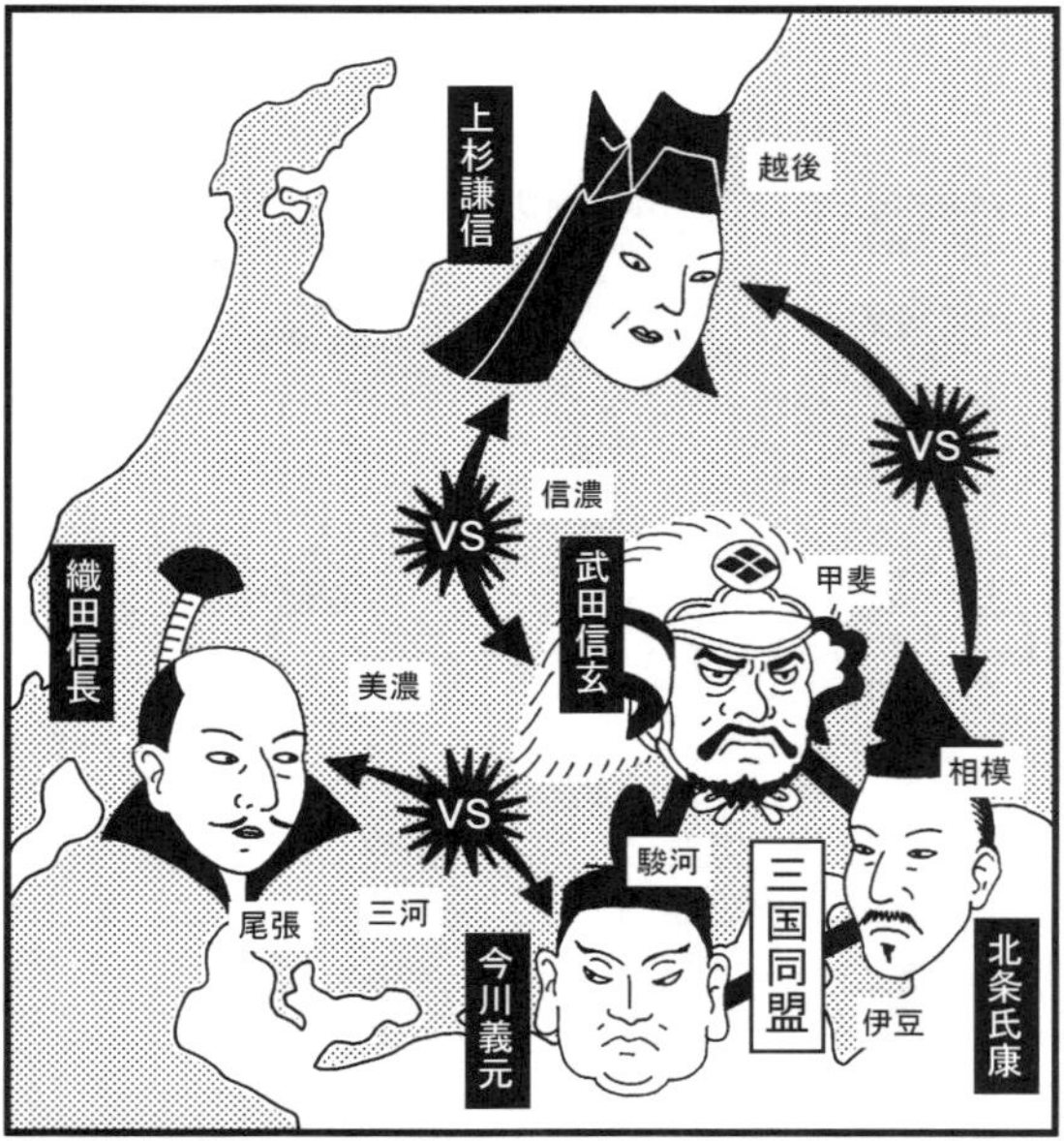

●甲相駿三国同盟

氏康の娘を迎えます。同年末には、**武田家と北条家の同盟も成立**しました。信玄の娘が北条氏康の嫡男・氏政に嫁いだのです。信玄としては、前年に第一次川中島の戦いがおこり、北の上杉謙信との戦いに軍勢を集中させたいとの思いでした。

いっぽう北条氏康は、武田・今川両氏と同盟を結ぶことにより、武蔵から上野国《こうずけ》（今の群馬県）さらに下野国《しもつけ》（今の栃木県）へと勢力を広げていくことができました。その結果、上杉謙信と対立して謙信が関東に頻繁に攻めてくるようになります。

この同盟は**3つの戦国大名家が結ぶという大変珍しい同盟**でした。三家の本国の頭文字をとって、**甲相駿《こうそんすん》三国同盟**とよばれています。その終わりは1568年です。上杉謙信との戦いをくり返した信玄が、北方への進撃をあきらめて南方進出に方針を転換するからです。そのころには桶狭間の戦いで今川義元が敗死し、今川氏が衰えたため標的にしたのです。この勝手な行動に今川氏はもちろん北条氏康も激怒しました。三家の婚姻関係は解消され、嫁たちはそれぞれ実家に送り返されました。信玄に離婚させられた嫡男・義信は父と不和になり、謀叛を疑われて幽閉され、自害しました。

ちなみにこの三国同盟の締結にあたって、義元・信玄・氏康の三人が、駿河の善得寺で会見したというエピソードがありますが、どうも後世の作り話のようです。

ハイセンスな「独眼竜」伊達政宗

幼少時に疱瘡《ほうそう》にかかって右眼を失明し、「独眼竜《どくがんりゅう》」と呼ばれた伊達政宗《だてまさむね》は、奥羽最大の勢力を築きますが、いかんせん檜舞台《ひのきぶたい》への登場が遅すぎました。このため織田信長や豊臣秀吉らと直接戦うことなく、統一政権に服従する道をとることになります。

❖親子が何年も戦った伊達家

室町幕府は、東北地方に奥州探題《おうしゅうたんだい》と羽州探題《うしゅう》という機関をおいていました。それぞれ大崎氏と最上《もがみ》氏がつとめましたが、戦国時代には、その下にあった伊達氏や白川氏などの勢力もさかんになっていました。

そうしたなかで1522年、**伊達稙宗《たねむね》**が陸奥国の守護に任命されました。稙宗は伊達政宗のひいおじいさんで、1536年に分国法の「**塵芥集《じんかいしゅう》**」をつくりました。この法典は171カ条もあって、数ある分国法のうち最大のものです。

伊達稙宗は、周辺の勢力と積極的に姻戚関係を結んで勢力を広げましたが、やがてそのやり方をめぐって長男と対立しました。対立は周囲を巻きこみ、７年にわたる戦いとなりました。敗れた稙宗は隠居し、跡をついだ長男は**米沢《よねざわ》城**（山形県米沢市）を本拠地としました。

❖遅れてきた戦国大名伊達政宗

稙宗のひまごにあたる**伊達政宗**が伊達家の家督をついだのは、１５８４年のことでした。すでに織田信長はこの世になく、豊臣秀吉が天下統一に乗り出していたころです。なんだか立食パーティーに遅刻してきた人みたいですね。あらかたおいしいものは食べられちゃっていて、後は余興の演芸が２つ３つあるだけ……というような。

でも、その余興的な部分で伊達政宗は周囲を魅了しました。たとえば、天下統一をはたした豊臣秀吉が、１５９４年に奈良県の吉野で催した歌会の時のことです。政宗は歌を詠んで絶賛されました。「遅れてきた戦国大名」などとも言われる伊達政宗ですが、和歌や茶道・能楽などの文化には通じていました。意外なことに政宗は、『古今和歌集』や『新古今和歌集』を書き写すなど、しっかり勉強していたのです。

外見的な特徴として眼帯が印象深いですが、本人は隻眼《せきがん》であることにコンプレックスもあったようなので、そこをカッコイイと言ったら失礼な気がします。むしろ鎧《よろい》兜《かぶと》に圧倒的なセンスの良さが光っています。家臣たちを漆黒《しっこく》の鎧で揃え、自身の兜には長い三日月状の飾りをつけました。

また江戸時代に入ってからのことですが、政宗はスペイン経由でローマに**慶長遣**《けいちょうけん》**欧使節**《おうしせつ》を派遣します。これも政宗の文化人的要素が背景にあってのことでした。

第4章

戦国大名の領国支配

弱肉強食の世界に生きる戦国大名は強くなるために何をしていたのでしょう。戦いに必要な兵力や資金の確保をはかって、村の支配や商業支配の面で新しい政策をとりました。

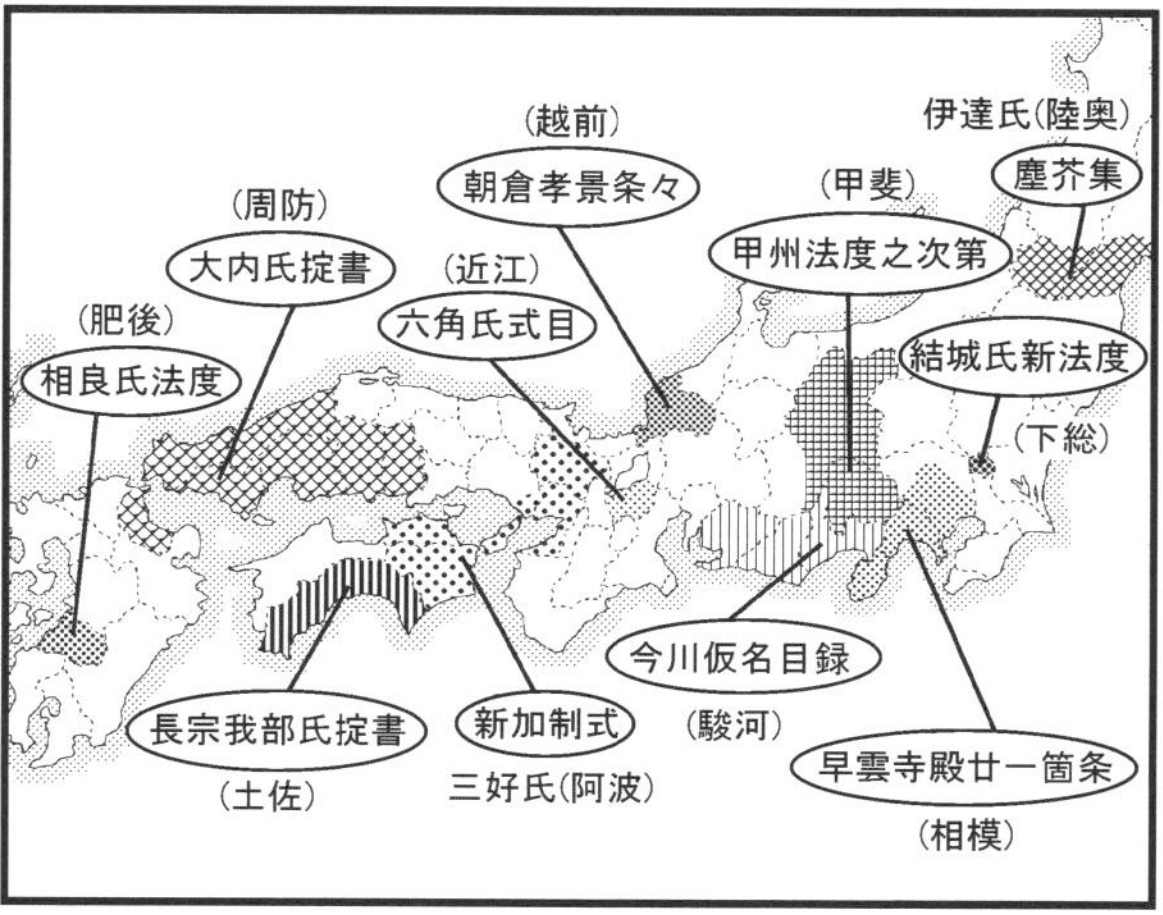

●戦国大名の分国法

戦国時代にはいたるところに城があった！

最近、シニアの方の間で城郭《じょうかく》めぐりが流行っているそうです。おもしろいのは、その見学先がいわゆる姫路《ひめじ》城などの有名な城ではなく、建物がまったくのこっていない、土だけでできた城跡《しろあと》だということです。実は城は全国いたるところにありました。

❖白黒の城が登場する前の茶色い城

戦国時代に似つかわしい風景といえば、何と言っても「城」ですね。しかし、ふつうの人が思い浮かべる城は、大きな石垣と堀に、そびえ立つ天守閣《てんしゅかく》ではありませんか？　天守閣というのは、よくてっぺんにシャチホコがついている、城の中の一番高い建物のことです。

ところがそうしたタイプの城は、織田信長や豊臣秀吉が登場した戦国時代後半になってからようやくあらわれたものです。戦国時代の前半には、そんな大規模な城を作れるほどの財力を持った戦国大名はまだいませんでした。

それゆえ北条早雲や武田信玄たちの時代につくられた城は、飾り気のない「土の城」だったのです。とくに東日本では城の周囲に盛り土をめぐらせているだけのことが多く、石垣があったとしても丸っこい石を乱雑に積み上げただけのでこぼこしたものでした。堀は水の入っていない空堀《からぼり》がほとんどです。山城では水を引けませんから。

というわけで、城には古いタイプの**中世城郭**と新しいタイプの**近世城郭**があるのです。近世城郭の建物は、姫路城に見られるように瓦屋根に白漆喰《しろしっくい》の壁や、松本城のように黒い板塀《いたべい》でつくられていることが多く、「これぞ日本の美!」と自慢したくなる立派なものです。実際、姫路城は日本の建造物としては最初に世界遺産に登録されました。これらの多くは、築城ラッシュがおきた**関ヶ原の戦い後につくられた**ものです。

それとは逆に中世城郭の建物は、板葺《いたぶ》き屋根に土の壁で、塀も土塀《どべい》か板塀でした。全体的に茶色いトーンです。「そんな城あるの⁉」と思うかもしれませんね。それもそのはず、**中世城郭は盛り土や空堀の跡がのこるだけ**で、建造物はまずのこっていません。そのため、なかなかお目にかかることがないのです。

ツウな方は「天空《てんくう》の城」とよばれて人気沸騰の**竹田城**（兵庫県朝来市）を思い描いたかもしれません。朝霧に浮かぶ石垣の美しさは実に幻想的です。しかし、あの石垣が組まれたのも1600年の関ヶ原の戦いのころで、やはり近世城郭なのです。

❖山の上に築かれた戦闘のための城

全国には、小さいものまで入れると4、5万もの城があったと言われています。これほど多くの城はいったい誰によってつくられたのでしょう。残念ながら中世城郭の場合は、ほとんどが特定できていません。正確な史料がないからです。しかし、どういった人びとがつくったのかということなら推測できます。

ふりかえると鎌倉時代は、武士たちが自分の管理している所領の中に館をかまえていました。周囲に堀と板塀をめぐらし、矢倉をのせた門で防衛する屋敷です。

それが戦国時代になると、堀や土塁《どるい》（土でできた堤）を大きくしたり、入口に工夫をこらして、より守りを固めるようになりました。しかし本格的な戦闘になったら耐えられません。そこで、戦いの時にだけ立て籠もる詰《つめ》の城を山の上に築いたり、敵が攻めこんでくるルートを想定して、少ない兵力で守る小さな城を築いたりしました。**中世城郭は小高い丘や山につくられることが多い**です。それは高い位置からなら敵の動きをいち早く察知できるし、近づいた敵が下から見上げても、土塁や塀で中の様子を隠せるからです。戦闘の際に上に位置する方が有利なのは言うまでもありません。ヘトヘトになりながら登ってくる敵兵を上でじっくり待ち受け、弓・槍・鉄砲でねらい撃ちできますから。

❖城をつくったのは大名だけじゃない

鎌倉時代の地頭のように自分の所領に住む武士のことを、室町時代には**「国人《こくじん》」**とよんでいます。この言葉はふつうの人にはわかりづらいので、ここまではできるだけ使うのを避け、「代官」という言葉で代用してきました。「在地武士」ともいいます。

彼らは応仁の乱をきっかけに、京都の領主に対して年貢を納めなくなっていきました。そして周囲の国人と衝突したり、逆に国人どうしで一揆を結んで大名と戦ったりしました。そのために必要だったのが、自分たちの身を守るための城でした。とすれば城の数の多さも納得できるでしょう。城は大名だけのものではなかったのです。

ところで石川県には、一向宗徒がつくった**鳥越城**《とりごえ》（白山市）という山城があります。ここは守護の富樫《とがし》氏と戦った**加賀の一向一揆が、約百年にわたる自治を勝ち取った国**でした。のちに織田信長が一揆鎮圧のために柴田勝家《しばたかついえ》軍を派遣すると、一揆衆はこの鳥越城に立て籠もって最後まで戦いました。

その城跡は交通の不便な山あいの深い場所にありますが、整備されていて登りやすく、城内でねばった一向宗徒たちに思いをはせることができます。

❖つくり捨てられつくり直され、変わっていく城

戦国大名はこの国人たちを束ねながら、支配領域を広げていきました。周囲の国人を戦いで滅ぼしたり、力の差を見せつけて家臣に取りこんだりしていったのです。つまり戦国時代のはじめは、小さい国人勢力がいたるところで戦っていたわけです。当然それだけたくさんの城が築かれました。

しかし、一人の大名によって広い領域が支配され、安定した政治がおこなわれるよ

うになると状況は変わります。国人どうしが戦うための城は不要となりました。今度は、隣国の大名の軍勢が攻めこんでくるのに備えた城が必要となるわけです。攻めてくる兵数も多くなるし、侵攻ルートも変わりますから、それにあわせて城をつくり直さなければなりません。これまでの城を改修することもあれば、廃棄して別の場所に新築することもありました。

　これにともなって城主も変わります。たとえば、北条氏3代目の氏康の例でいうと、自分自身は**本城**《ほんじょう》である小田原城にあって、領国内の要に位置するいくつもの城（**支**《し》**城**《じょう》）には、子どもたちを城主として配置しました。

❖歩いてみたい北条領国の城

　ここで、いくつかの城を見てみましょう。

氏康の子の北条氏邦《うじくに》が守っていた**鉢形**《はちがた》**城**（埼玉県大里郡）は、Y字状の川に挟まれた断崖絶壁の上に築かれており、まさに天然の要害となっています。北条氏が北関東を制圧した際に拡張工事をしたため、大きな曲輪《くるわ》がいくつもあって、歩いてみると全体の広さに驚くはずです。

曲輪とは堀や土塁で囲まれた区画のことです。一つ一つに「本丸」「二の丸」などの名前がつけられていて、これを複雑に配置して本丸に侵入されないようにしていました。

近年はこうした中世城郭でも、堀や曲輪を整備して当時の姿がわかるところが

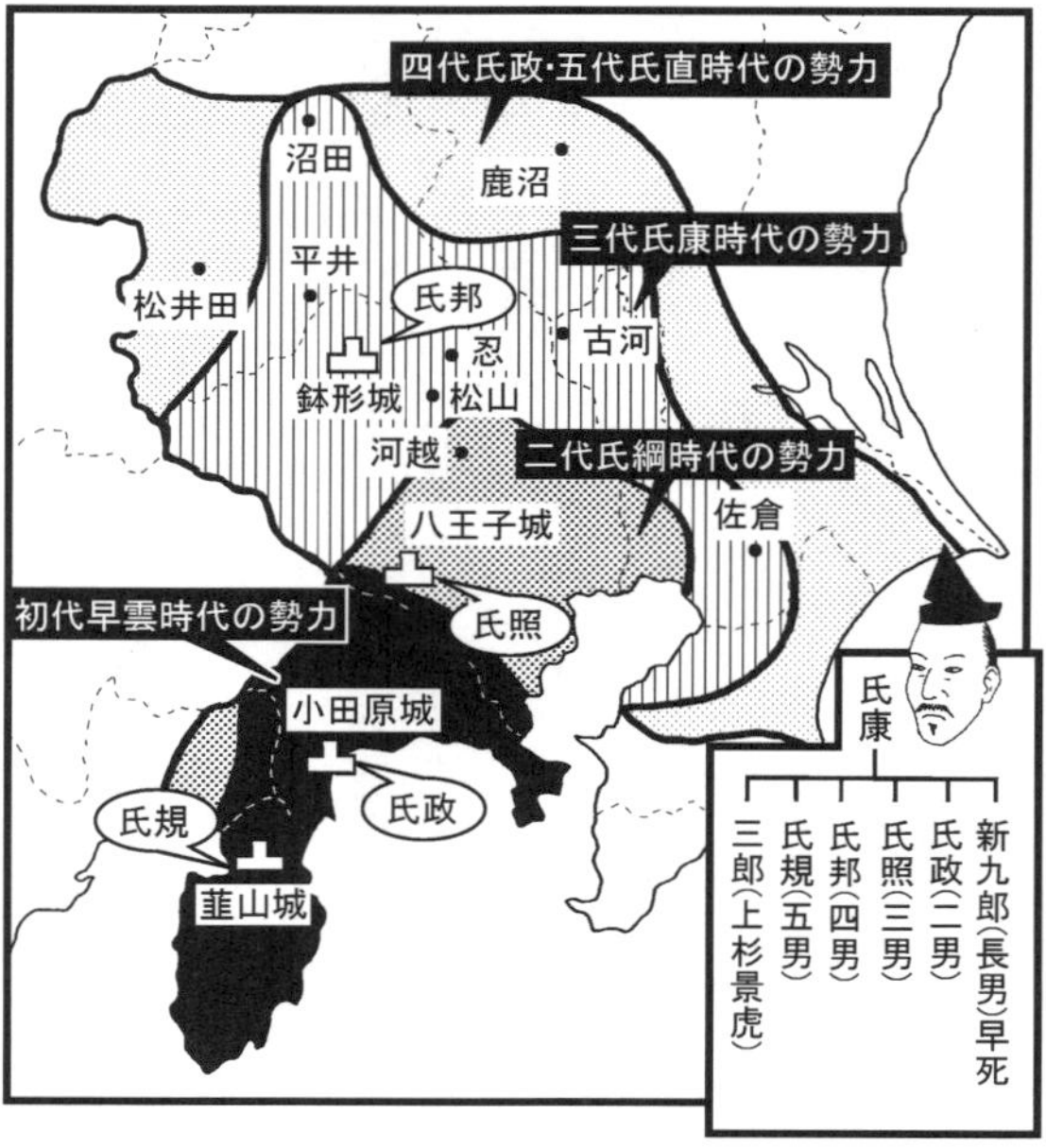

●北条領国の広がりと支城群

増えてきました。この鉢形城も門や橋が一部復元されています。城郭内にある鉢形城歴史館には、城全体のジオラマ模型も展示されていて、城郭の全体がつかめるようになっています。

しかし中世城郭というなら、同じ埼玉県の**杉山城**（埼玉県比企郡）を紹介しないわけにはいきません。この城は鎌倉街道を見下ろす丘の上にあって、曲輪・土塁・空堀がきわめて良好な状態でのこっているのです。それだけでも十分すごいのですが、みごとな構造（**縄張《なわば》り**）で高い防御性を保っているのです。このため城郭マニアのあいだでは、「築城の教科書」とか「土の城の最高傑作」などと評価されているほどです。

実際に下から本丸に向かって歩いてみるとわかりますが、空堀に邪魔されたり、細い土塁の上や狭い堀の底などを歩かされたりして、なかなか本丸にたどりつけません。迷路のような姫路城に負けず劣らずの縄張りなのです。

機会があれば、一度歩いてみることをおすすめします。ぐるぐる歩かされるうちに、もしかしたら自分をねらっている城兵が見えてくるかもしれません。本丸にたどりついたら、東西南北から吹いてくる風を感じて、当時の人たちに思いをはせてみてください。建造物がないからこそ、想像でおぎなえるのも醍醐味《だいごみ》の一つです。

戦国大名の家臣団のなかみ

戦国大名の家臣たちには、一門・譜代《ふだい》・外様《とざま》の三種類がありました。一門は文字どおり大名の同族です。譜代は古くから代々、大名家に従ってきた者です。そして外様は新たに従うようになった者で、国衆《くにしゅう》ともよばれました。

❖コンビニの個人オーナーのような国衆

北条氏は初代早雲の時代から、氏綱・氏康・氏政と徐々に支配領域を広げてきました。早雲が最初におさえたのが伊豆国でしたから、その南端の下田《しもだ》と最終段階で達した上野国《こうずけ》（今の群馬県）や下野国《しもつけ》（今の栃木県）までは、相当距離があります。

しかし、このすべての領域が北条氏当主の思うがままになるわけではありませんでした。P.90の図にあったように、北条氏一門が配置されている城とその周辺の領域は「**本国《ほんごく》**」と言いますが、武蔵松山城（埼玉県比企郡）や、『のぼうの城』で話題となった**忍城**《おし》（埼玉県行田市）周辺の領域は、それぞれ上田氏、成田氏が治める領域で、**北条氏からなかば独立した性格を持っていた**のです。

コンビニエンスストアにおける直営店とフランチャイズ加盟店の関係に似たところがあります。直営店は本社が直接経営しているので、本社の社員が配置されますね。本部の命令が行き届き、戦略に応じて店長を入れ替えることもあります。

いっぽうフランチャイズ加盟店の場合は、個人のオーナーが本社の傘下に入ることで、そのグループの戦略にそった営業をおこなっています。オーナーは本社と契約し、対価としてロイヤリティーを払わなければなりません。これは、北条氏が出陣する際に、松山城の上田氏や忍城の成田氏が、一定の兵数をひきいて参陣しなければならないことによく似ています。

こうしたフランチャイズ加盟店のオーナーのような存在を「**国衆**《くにしゅう》」と呼びます。国衆は隣あった隣国の戦国大名の勢力が大きくなったときには、裏切ってそちらにつくこともよくありました。成田氏も上杉方から北条方に寝返った国衆ですが、一時豊臣方に属した後、ふたたび北条方にもどります。

❖難しい舵取りを迫られた境目の国衆

「国衆」は独立した性格を持っていました。彼らは戦国大名の出兵には付き従いますが、領域内の支配については大名からとやかく言われることはありません。大名も基本的にそこの農民から直接税をとることはできないのです。つまり国衆は、小さな戦国大名ともみなせるのです。

彼ら国衆は、戦国大名の本国の周縁部に位置していることが多く、危険にさらされがちでした。敵対する勢力に接している「**境目《さかいめ》の国衆**」の場合、侵攻されやすいのです。自分の家を存続させるためには、状況に応じて敵対する大名に寝返る必要もありました。従属している大名家がヤバい状況におちいれば、それにはつきあわないということです。**武田家が織田信長の軍勢によって滅ぼされる際には、国衆だった穴山《あなやま》氏や小山田《おやまだ》氏は、早々に武田家を見限っています。**つまり国衆として生きながらえるためには、常に周囲の情報を得ておかなければならないわけですね。まるで傾いた会社に居残り続けるか、早めに転職するかの判断を迫られるようなものです。

「境目の国衆」の中には、二股をかける者もいました。隣り合う戦国大名の両方に従属するわけです。たとえば武田家と織田家に挟まれた位置にいた遠山氏は、武田信玄に従属しながらも、織田信長とも婚姻関係を結んでいました。このことは信玄も信長も認めていました。つまり遠山氏は、一種の緩衝材のようなはたらきをしていたわけです。

❖一人の騎馬武者を支える歩兵は何人？

戦国時代ときくと派手な戦《いくさ》がイメージされますが、よく考えると何万人もの兵をひきいて戦っていたということに、素朴な疑問を抱くことはありませんか？　たとえば第四次川中島の戦いの時の武田方の軍勢は、総数が2万でした。結構すごい数ですよね？

実は、そのすべてが戦闘員だったわけではありません。**完全武装で戦う騎馬武者は、わずか一割程度**にすぎなかったのです。彼らは大名から、給料として所領をあたえられている人なので「**給人**《きゅうにん》」とよばれます。のこりは、その給人のお供をして戦場に出向く歩兵の「**奉公人**」と、兵糧などの荷物を運ぶ「**陣夫百姓**《じんぶひやくしよう》」でした。

そんな馬鹿なと思うかもしれませんね。しかし、何カ月も野外で滞陣することを想像してみてください。そのための生活道具は相当な重さになるはずです。

太平洋戦争の時の日本兵は40kg前後の装備を担いで行軍したといいます。これは相当重いです。同じ衣食住を背負って歩く登山でも、昔は30kg以上の荷を背負ったりしていましたが、今は軽量化が進んでその半分以下でも余裕でテント泊ができます。

戦国時代は鎧・兜だけで20〜30kgあり、これに武器や食糧などの荷物を持つことを考えたら、とてもじゃないですが一人では運べません。

それでも武田軍は騎馬隊が強みだっただけあって、8人の歩兵に対して、騎馬武者が1人という割合でした。これは他の大名にくらべると高い比率なのです。

領国支配のカギは指出検地と貫高制

北条氏では早雲の時代からすでに検地《けんち》をおこなっていました。今川氏も氏親の代から少しずつ検地をはじめていいます。なぜなら戦国大名にとって、検地は収入を増やす大きな効果があったからです。

❖荘園領主に納めなくなった分のお米はどこにいった?

戦国時代でも、荘園領主が多く住む京都周辺の畿内には荘園がのこっていましたが、関東地方の荘園はほとんどなくなっていました。もう農民たちはきちんと年貢を納めることをやめてしまっていたのです。納めないのが当然だという風潮までありました。

いっぽうこのころには、小作料をもらう権利の「**職**《しき》」を持つ者が増えていました。どうしてそんな人がいるのかというと、年貢を納めることができずに別の有力者に立て替えてもらったせいで、その有力者に土地の権利が渡ってしまうことがあったからです。このため耕作者は、**加地子**《かじし》とよばれる小作料をその有力者に毎年納めなければならなくなってしまいました（P.39）。

この有力者は商人などの場合もありますが、同じ村落内の有力農民であることもしばしばでした。彼らはしっかり加地子を取ろうとしたので、年貢より加地子のほうが重いなんてこともよくありました。

こうした状況のなかで幅を利かせつつあったのが、武士です。たとえば在地武士の国人が、強引に土地を支配しようとしたり、**加地子を取る有力農民の中から武士化する者**があらわれたりして、より力を強めました。後者の武士は「**地侍**《じざむらい》」とか「**土豪**《どごう》」などとよばれます。

戦国大名は増えつつある武士を家臣に取りこみ、勢力拡大をはかりました。その拡大策に大きく貢献したのが**検地**でした。

❖検地でトクした戦国大名

検地というと**豊臣秀吉**がおこなった**太閤検地**が有名ですが、戦国大名の検地はそれとはちょっと異なります。太閤検地が土地の実地測量をおこなうのを基本としていたのに対し、戦国大名の検地は現地からの指出《さしだし》（自己申告）による土地調査でした。このため**「指出検地」**とよばれています。

北条氏では早雲の代から早くも検地をおこないました。今川氏では氏親の代から始めました。ここでは発した文書が多くのこる北条氏の検地を見てみましょう。

北条氏はこれまでの年貢や加地子の割合を参考にして、面積ごとの課税額を定めました。それは、田の面積1反《たん》につき銭500文《もん》という金額です。当時のお金の単位は、1貫＝1000文なので、たとえば田が2反あったら税額は1貫となりました。この税額のことを**「貫高《かんだか》」**と言います。この言葉は戦国大名による領国支配のキーワードです。

さて検地をしてみたところ、自己申告制だったにもかかわらず、多くの田畑が存在していることが判明しました。村は隠田《おんでん》を隠し持っていましたが、大名は「隠田を報告した者にはほうびをやる」と言ったため、大名に知らせる者が出てきたのです。

こうした検地をおこなうことで、北条氏はたくさん年貢を徴収できるようになりました。逆に農民たちの側でいうと、これまでの2倍、3倍もの年貢を負担させられることになりました。

❖旧体制の破壊者になれた北条氏

北条氏はこれまで加地子を得ていた者たちに対しても、強い姿勢に出ました。加地子を取ることを否定し、家臣となった者に功績に応じた所領をあたえることにしたのです。この時に基準となったのが貫高です。つまり良いはたらきをした者には、たとえば「お前の所領を10貫増やしてやろう」と言って、10貫相当の土地をあたえるのです。

こうすれば戦国大名は、家臣たちを貫高によって統制できます。所領をもらった**家臣たちは、その貫高に応じて軍役を負担**することになりました。たとえば、貫高が80貫の家臣の場合、出陣の際には10人くらいの兵士を連れて行くこととされました。

このように貫高で土地を把握し、貫高に応じて軍役を負担させるしくみを**貫高制**といいます。

これはかなり大胆な改革です。今までの「職《しき》」が複雑に重なっていた状態（P.

39）をぶっ壊し、**一つの所領から年貢を取る領主を一人**にしてしまったのです。

こんなことができたのは、北条氏がよそから来た戦国大名だったからです。北条早雲が戦国大名として出発した時にはいきなり伊豆国を乗っ取る形でした。他の大名たちの多くはもともとその土地に地盤を築いていた人であるため、地元の人たちとのしがらみが強く、古い秩序を大胆に破壊する政策はとりにくかったのです。その点、伊豆・相模の人たちとしがらみのない北条早雲は、「旧体制の破壊者」となれました。

これとは逆に、国人や地侍が加地子を取ることを否定しなかった大名もいます。後で紹介する**毛利《もうり》元就《もとなり》**などです。もっとも加地子をこれまでどおり認めても、家臣の収入、つまり貫高は把握したので、それにみあった軍役を課すことができました。やはり**戦国大名にとっては検地をおこなって、村の実態をつかむことが重要**だったのです。それが収入増、ひいては動員兵数の増大になるからです。

村と向きあう戦国大名

南北朝時代からあらわれた惣村では、地下請をおこなうようになったため、荘園領主は村の内情を把握できなくなりました。村との関係が薄くなっていったわけです。これに対し戦国大名は、村に直接向きあいました。

❖村を支配するのは家臣ではなく戦国大名

家臣にあたえた所領は、必ずしも一カ所にまとまっているわけではありませんでした。戦国大名の支配領域が拡大するとともに、戦功をあげた家臣に追加して所領をあたえるわけですから、各地にバラバラにあるのが当然です。とりわけ北条氏はあえて小さい所領を分散してあたえたため、一つの村のなかに何人もの所領が存在するなんてことにもなりました。

こうした状況では、一人の家臣が特定の村に対して権力をふるうことができません。

北条氏はこの方法で国人・地侍の村に対する影響力を削ぎながら、逆に**戦国大名である北条氏自身が村と直結する形で農村支配**をおこなうようにしたのです。

具体的には村への命令は、国人や地侍を通すことなく、直接村に向けて発しました。印刷機のないこの時代に、大名が多くの村々に文書を出すのは相当な手間だったでしょう。それもあって北条氏は文書の形式を改めました。

北条氏2代目の氏綱の代から文書にいちいち手書きでサインをするのをやめ、かわりにハンコを捺《お》すだけに改めたのです。これならラクですし、場合によっては秘書に「これちょっと捺しといて」などと頼めそうです。北条氏綱は村々に、「このハンコがない文書で命令されたら、それは大名からの命令ではないので報告するように」とも伝えました。国人や地侍が勝手に農民から収奪するのをふせごうとしたのです。

北条氏のハンコには寅の絵がついていたため「寅印判《とらいんばん》」とよばれています。この印判状に変えたおかげで、一度に大量の文書を出せるようになりました。

この改革を「ただハンコを使うようになっただけだよね？」などとあなどってはいけません。武田氏や今川氏では印判状の導入が遅く、しかも印判状を出すようになってもその数は北条氏とくらべて圧倒的に少なかったのです。

❖支配領域が広がったから生まれたメリット

国人クラスの小さい領主がいたるところで戦っていた時期が過ぎ、戦国大名が広い領域を支配するようになると、いくつもメリットが生まれました。

まず、敵対する戦国大名との戦闘がおこる場所が、領国の辺縁部に移ります。敵に大きく踏みこまれないかぎり、中心部は安全になっていきました。

次に**村々をこえた広域的な治水事業**ができるようになりました。所領が小さい時には長い河川の流路を変えるようなことはできません。洪水対策は堤防づくりが関の山です。それが一国を支配するようになると、大きな川でもコントロール可能になったのです。しかも治水事業のような大工事に、大勢の人夫《にんぷ》を動員できるようになりました。その河川の流域以外の村からも、人びとを動員するシステムを整えたのです。

村々には貫高に応じて年貢のほかに労働も課されていました。たとえば城づくりなどの土木工事をおこなう**普請役**《ふしんやく》とか、戦場に物資を運ぶ**陣夫役**《じんぶやく》などです。北条氏は、そうした労働を担う人数と日数を年間でどれだけ課すかきっちり定めています。

実は**河川の治水工事は、もともと城の修繕のための大普請役を転用**しておこなわれたものなのです。戦争のために用意したシステムを人びとの暮らしのために用いるようになるというのは、イイ話に思えませんか？

❖村の声に耳を貸す戦国大名

敵対する戦国大名との戦いが領国の辺縁部に移っても、村どうしのトラブルは簡単にはなくなりませんでした。村どうしが戦うと、互いに犠牲者が出て田畑も破壊されます。それは戦国大名にとってはマイナスでしかありません。そこで戦国大名は、何かトラブルがあっても腕力で解決するようなことはやめて、大名に訴え出るよう命じました。村に対して「私の裁きにゆだねよ」と言ったのです。

対立する村々がともに納得する判決をくだすのは、容易なことではありません。判決に不満をもつ者が、ふたたび暴れることもあるでしょう。にもかかわらず自分が裁くという姿勢は、戦国大名が本気で村と向きあう覚悟をもったとも言えます。

印判状を出した戦国大名は、国人や地侍による不正の命令があれば訴えてよいとしていましたが、それ以外の問題についても、村々が大名に訴えることを認めたのです。その逆に村人による**逃散**《ちょうさん》は禁止されていきました。逃散とは村人が集団で耕作を放棄することで、領主への抵抗手段の一つです。「話を聞いてやるから、強引な逃散はよせ」というわけです。伊達氏の分国法には逃散を禁ずる規定があります。

そもそも、村々から上がる税が戦国大名の財政を大きく支えている以上、**戦国大名は村々をないがしろにはできなかった**のです。ゆえに戦国大名と村々の関係は、おのずと密接になっていきました。

北条領国では飢饉がおこった際に村がつぶれてしまわないよう年貢を免除したり、徳政（借金の帳消し）をおこなったりしています。年貢が払えなくなって村から出て行く農民が増えると、寛大な態度を見せて村にもどるよう呼びかけたりもしました。しかも北条領国の年貢率は、ほかの大名とくらべて低いものでした。北条氏は村の成り立ちを気づかって、涙ぐましいまでの仁政《じんせい》をおこなっていたのです。

戦国大名がつくったルールの分国法

室町時代の武家社会では、鎌倉幕府が定めた御成敗式目《ごせいばいしきもく》と、その後に出された追加法令が存在していました。しかし、戦国大名の何人かは独自の法をつくりました。これを分国法《ぶんこくほう》といいます。幕府権力からの独立宣言ともいえるものであるため、大きな意義のある政策でした。

❖現代日本にも息づく独特な喧嘩両成敗法

のちに天下統一に乗り出す**織田信長**が生まれたのは1534年のことです。P.83の地図はその信長が家督をついだころ、つまり16世紀半ば時点の戦国大名の勢力範囲を示しています。まだひよっこだった信長のまわりには、大きな領国を持つ戦国大名がひしめいているのがわかりますね。彼らの多くは**分国法**をつくっていました。

分国法の内容はさまざまですが、もっとも有名なのは**喧嘩両成敗**《けんかりょうせいばい》の規定です。武田氏・今川氏・長宗我部氏などに見られる規定で、たとえば**武田氏**の「**甲州法度之次第**《こうしゅうはっとのしだい》」にはこうあります。

喧嘩の事、是非《ぜひ》に覃《およ》ばず成敗を加ふべし。但《ただ》し取り懸《かか》ると雖《いえど》も**堪忍**《かんにん》せしむるの輩《ともがら》に於《お》いては、罪科に処すべからず。

家臣どうしの喧嘩がおきたら、どちらが良いか悪いか関係なく、両方とも処罰するとしています。おもしろいのは、喧嘩をしかけられても、「堪忍《かんにん》」、つまりがまんした者は処罰されないという点です。殴られてもこらえ続けることは、異常なほど自尊心が強かった戦国時代の人びとにとっては難しかったのではないでしょうか。「やられたらやり返す！」のが基本でしたから。

いっぽう戦国大名にしてみれば、復讐の連鎖は自滅につながりかねません。村どうしの戦いと同じく、トラブルがおこったら主君の裁きに従ってもらうことで、被害を最小限におさえたいのです。

そこで、「喧嘩をした者は双方ともに処罰するぞ！」と言って、人びとに暴力行為をひかえさせようとしました。何らかの被害があっても暴力で解決、つまり「自力救済」をはかるのではなく、**戦国大名の裁きにゆだねさせようとした**のです。「堪忍すれば処罰しない」というのは、人びとに大名の法廷で解決することを必死に求めたゆえの言葉でした。

とはいえ死者が出るほどの喧嘩がおきてしまったらどうするのでしょう。大名が両者を裁いて白黒決着をつけるのは非常に難しかったと思われます。なぜなら殺し合いをするほど互いに自尊心が傷つけられた状態なのですから、「黒」つまり悪いとされた側の名誉はズタズタになります。そこで出てきたのが「両成敗」、つまり双方の体面を保って「痛み分け」の形でケリをつける方法です。

現代の日本では、車の事故の際などに過失相殺《かしつそうさい》が適用されることがあります。たとえば、被害者にも注意不足な点があると、加害者が支払う損害賠償額が何割か減らされますね。こうしたことは世界的には珍しく、欧米では被害者に過失があった場合、損害賠償はいっさい受けられなくなるようです。ゼロか百のどちらかで、6対4などのような「痛み分け」にはならないのです。

とすると日本人が過失相殺を受け入れているのは、戦国時代の喧嘩両成敗法からつづく感覚をいまだに持っているからかもしれません。

❖分国法の中の気になる内容は？

分国法にはほかにどんな規定があったのか、興味深いものをいくつか紹介します。

まず**伊達氏**の「**塵芥集**《じんかいしゅう》」から、**犯罪者の親族までを処罰する縁坐制**《えんざせい》の規定です。

盗賊に付《つき》て、親子の咎《とが》の事、親の咎は子にかけべし。

目を疑いませんか？「盗賊の罪について、親の罪は子どもにかける」としているのです。最近は少年犯罪などがおこると、必ず「親はどういう育て方をしたんだよ！」などと親の責任を問う声があがりますが、ここではまるで逆です。これと似た規定は「**朝倉孝景条々**」にもありました。朝倉氏の場合は、犯罪者と同じ郷村の者まで処罰する**連坐制**《れんざせい》の規定も定めています。この朝倉氏の分国法には、**家臣の城下町集住**を定めた規定があります。

朝倉が館之外《たちのほか》、国内に城郭を為構《かまえさせ》まじく候。惣別分限《ぶげん》あらん者、一乗谷へ引越、郷村には代官計《ばかり》可被置事《おかるべきこと》。

朝倉氏の城下町である**一乗谷《いちじょうだに》**（福井県福井市）は、その名のとおり山あいの谷間にある細長い城下町で、その両端に堀を切って防衛していました。最近、発掘調査と町並の一部の復元がおこなわれました。このため現地に行ってみると、武士や職人たちの生活をまるでその時代に暮らすように味わえます。

ここでは「所領をあたえられた家臣は一乗谷に引っ越し、郷村には代官を置くだけにしなさい」と定めています。興味深いのは、「朝倉氏の領国（越前国。今の福井県の東部）の中に、朝倉氏以外の城郭をつくってはいけない」と定めている点です。

これは、家臣が城郭をかまえて朝倉氏に反抗するのを未然に防ぐための規定でした。自分自身が下剋上で越前国を乗っ取ったせいか、家臣の反逆もあり得ると考えていたわけですね。

こうした家臣の反逆を恐れた戦国大名はほかにも多くいます。たとえば**今川氏親**は「**今川仮名目録《いまがわかなもくろく》**」の中で、**家臣の婚姻に制限**を加えました。

駿《すん》・遠《えん》両国の輩《ともがら》、或《あるい》はわたくしとして他国よりよめを取《とり》、或《あるい》はむこに取《とり》、むすめをつかわす事、自今以後これを停止《ちょうじ》し畢《おわ》んぬ。

「駿・遠両国」とは、今川氏が治めていた駿河《するが》国と遠江《とおとうみ》国のことです。そこの家臣たちが勝手に他の戦国大名の領国から嫁を取ったり、婿を取ったりすることを禁じたのです。たしかに今川家の家臣が織田家の家臣の娘を嫁にもらったら、今川家が織田家と敵対したときにその家臣を信用できなくなりますね。

いっぽう武田信玄は、家臣のスパイ行為を心配してこんなことを定めました。

内儀《ないぎ》を得ずして、他国へ音物書札《いんぶつしょさつ》これを遣《つか》はす事、一向にこれを停止《ちょうじ》し畢《おわ》んぬ。

「許可を得ずに、他国へ贈り物や手紙を送ることは禁止する」と言うのです。それはそうでしょうね。こちらの情報が漏れてしまいますから。

それにしてもこれらの規定からは、戦国大名たちの共通の悩みとして、家臣団の統制があったことが見てとれます。**自分の家臣を信用できず、家臣が敵方に寝返る可能性を常に気づかわなければならない**とすれば、戦国大名もかなりのストレスフルな境遇にあったと言えそうです。

ところで北条氏が定めた「**早雲寺殿二十一箇条**」は、分国法というよりは**家訓**《かくん》というべきものですが、そこに戦国大名らしからぬ規定があります。

上下万民に対し、一言半句にても虚言を申すべからず。

戦国大名というと暴君的なイメージがありますが、ここでは「ほんの少しでも嘘をついてはいけない」と言っています。北条氏には誠実さを重んじる面があったわけです。北条氏2代の氏綱も遺言書に「卑怯《ひきょう》な手段で土地を奪えばあざけりの対象になる」と記しています。たとえうわべだけだったとしても「正義の旗」を掲げて行動しようとしている点は、見上げたものだと感じ入ります。

商業の発達をはかった政策

田畑からの年貢収入は文書にのこる面積や貫高から推測できますが、商業部門からの戦国大名の収入はほとんどわかっていません。しかし、この時代の堺や博多の豪商の財力がとてつもなく大きかったことを考えると、商業収入はあなどれません。そこに重点をおいたかどうかが、戦国大名らの浮沈《ふちん》を分けたと言えます。

❖定期市だけどちょっと歩けば毎日オープン⁉

鎌倉時代から、各地で月3回の**定期市**が開かれるようになりました。たとえば毎月4日、14日、24日と、4のつく日に市を開くという具合で、**三斎市**《さんさいいち》とよばれました。これが応仁の乱後には、月6回の**六斎市**に発展しました。

この時代の埼玉県の秩父地方では、賢いサイクルで六斎市が開かれていました。6kmから10kmくらいの距離にある5カ所の市が、1日ずつずらして六斎市を開いていたのです。市が5つあるので、1日にAの村で市が開かれたとすると、2日、3日……と別の市を回った後、6日にふたたびAの村で市が開かれるというわけです。

これなら6～10km圏内のどこかで毎日市が開かれているという状態なので、急ぎの用があればそこまで買いに行けばいいし、売る側も毎日移動しながら営業できます。24時間営業のコンビニには負けますが、秩父の六斎市はなかなか健闘していると思いませんか?

❖戦国時代のオカネ事情

今度は銀行の役割をはたしていた商人たちを見てみましょう。戦国時代にも金融業者はいたのです。

すでに鎌倉時代から**借上**《かしあげ》とよばれる高利貸業者が現れており、室町時代には京都や奈良などに、**土倉**《どそう》とよばれる金融業者がたくさんいました。土倉は土蔵を持っており、お客から預かった質物《しちもの》をそこに保管してお金を貸しました。のちの質屋《しちや》ですね。酒屋を兼ねる者が多かったようです。彼らの利益は大きかったため、幕府は土倉役・酒屋役といった税をかけています。彼らは裕福な人という意味で「**有徳人**《うとくにん》」とよばれましたが、土一揆に襲われることもしばしばでした。

それでは、お金そのものはどんなものを使っていたのでしょう。

律令国家が衰退したのにともない、10世紀半ばを最後に貨幣はつくられなくなりました。このため**平安後期からは中国のお金を輸入**して使うようになっていたのです。最初は**宋銭**《そうせん》、室町時代からは**明銭**《みんせん》という銅銭が輸入されました。逆に日本からは砂金や銅などが輸出されました。ほかに意外な輸出品として刀剣があります。日本刀は中国でも高い評価を得ていました。

やがて日本の経済が発達すると、明銭だけでは貨幣が不足してきました。そこで国内でも**私鋳銭**《しちゅうせん》が作られました。その中には粗悪で「**鐚銭**《びたせん》」とよばれるものも多かったため、良銭を選び取る**撰銭**《えりぜに》がおこなわれるようになりました。見るからにニセ金だろうと言いたくなる鐚銭が出回っていたからです。北条領国内では、農民に年貢の銭納を命じていましたが、あまりにも良銭が入手できないため、年貢の米納を認めざるをえなかったほどです。

さて撰銭がさかんにおこなわれるようになると、支払いに手間取ってスムーズな商取引がおこなえません。そこで幕府は1500年に**撰銭令**を出しました。各領国でも同じころ戦国大名が撰銭令を出しています。さすが全国バラバラな時代だけあって、その内容はさまざまでした。悪銭の使用を禁ずるものもあれば、撰銭自体を禁ずるものもあったのです。基本的には**良銭と悪銭の交換比率を定めた**ものだと考えてください。

そして驚くのは、遠方との取引の際に**為替**《かわし》が使われていたという事実です。1円玉から1万円札まで何種類ものお金がある現在とは違い、お金といえば一文銭しかありません。にもかかわらず高額なお金を送金しなければならないとしたら、非常に困ったはずです。途中で山賊に襲われたらお金だけでなく命も奪われそうです。

いや、そもそも重さが大変でした。当時は年貢を貨幣で納めるようになっていましたから、たとえば10円玉だけで百万円分のお金を運んだとしましょう。その総重量は450kgにもなるのです。

そこで現金を運ぶのではなく、**割符**《さいふ》という手形をやりとりして決済をするしくみが用いられました。このしくみを為替とか替銭《かえぜに》と言います。その誕生は、なんと年貢の**銭納**《せんのう》がはじまった鎌倉時代のことでした。かなり早いことだと驚きませんか？

❖一泊二食の宿泊料金はすでに共通していた

交通制度の発達ぶりにも目をみはるものがあります。一般に教科書などでは、戦国大名は**宿駅**・**伝馬**《てんま》の制度を整えたと説明しています。領国内の主要道路に宿場をもうけ、馬を常備させてそれを乗り継いで速く移動できるようにしたと言うのです。旅人や商人たちも料金を払ってこれを利用しました。

しかし、現実は戦国大名が手をつける前に、民間で自然に宿場が整えられていったようです。それがわかる貴重な資料が国立歴史民俗博物館にあります。「永禄六年北国下り遣足帳《けんそくちょう》」とよばれる帳簿で、１５６３年に京都・醍醐寺《だいごじ》の僧がはるばる東北地方まで旅した記録です。

驚く点は、第一にいくつもの戦国大名領国をまたいで旅行していることです。第二には、宿泊場所がほとんど**旅籠**《はたご》であることから、一日で歩ける範囲内に旅館があったと推測されることです。そして第三に、宿泊料金が一泊二食で24文という共通性があったことです。

また、北条氏・武田氏・今川氏の領国では、伝馬の使用料が一里につき一文《もん》（一銭）と決まっていたようです。別の大名領国なのに料金が共通していたのは、人びとが行き来するなかで自然に金額が決まっていったからだろうと思われます。

室町時代にはすでに**熊野山**や**伊勢神宮**に旅する庶民がおり、宿泊の際に予約をすることもおこなわれていました。飛び込みで宿泊しようとしたら、予約がいっぱいで断られた客もいたほどです。もっともその客（武士）は、「体面を傷つけられた」ことで逆ギレし、例によって暴力沙汰を引き起こしています。

❖料金ゲートをなくしてフリー通行に

関所と聞いて思い浮かぶのは、お役人が通行人をチェックしている様子ではないでしょうか。しかしそれは江戸時代のもので中世の関所とはちがいます。この時代の関所は通行人から関銭という税をとる料金所でした。それを設置したのは幕府とはかぎりません。その地を縄張りとするさまざまな者たちです。だから、ひどいところでは一里（約４㎞）の間に40を超す関所がありました。これは1分ちょっと歩くたびに、関所にぶつかる計算です。京都と大阪湾を結ぶ**淀川**《よどがわ》にも600を超す関所があったので、関所が実にじゃまな存在だったことがわかります。

この関所をフリー通行できる人たちがいました。それは商工業者がつくる「座」という組合に所属する人びとです。座は権力者に上納金を納めるかわりにさまざまな商売上の特権を得ており、座に属さない商人を排除して市場を独占していました。

この**関所や座といった古いしくみを戦国大名は撤廃**しました。なぜなら流通をスムーズにし、町を活性化したかったからです。新興商人に自由に商売をさせて町に多くの人が集まれば町は潤います。関所でちまちまと通行税を取るなんてことを考えず、積極的な商業振興策に出て収入増をはかったのです。

こうした政策を**楽市**《らくいち》**・楽座**《らくざ》と言いますが、もう少し詳しいことは織田信長が出した**楽市令**（P.189）で紹介します。

戦いの実態

戦国大名は年間の半分くらいを戦陣のなかで過ごしました。後で紹介する桶狭間の戦いや姉川《あねがわ》の戦いのような野戦《やせん》であれば一日で決着がつくこともありますが、城攻めの場合は数カ月間の長期戦になりがちでした。戦いの実態をのぞいてみましょう。

❖軍勢のなかにいたのは農家の二男や三男

農村から出てきた**地侍**（P.98）が戦国大名の家臣になると、彼らは有力家臣の下につけられました。国人層などの有力家臣を「**寄親**《よりおや》」、その下についた地侍らを「**寄**《より》**子**《こ》」と呼び、軍事行動の際には寄親の指揮の下で寄子が戦《いくさ》ばたらきをしたのです。このしくみを**寄親・寄子制**といいます。

全体の兵数のうち騎馬武者つまり専業の武士は1割程度しかいませんでした（P.95）。それ以外の者たちは、この武士に雇われた「奉公人」や、大名の命令で村から差し出された「陣夫百姓」です。彼らは大まかに言うと農家の二男や三男でした。

農家では田畑の規模を維持したいため、兄弟がいても土地を分割してあたえることをせず、嫡子《ちゃくし》（長男）一人に単独相続させるようになっていました。二男や三男は兄の家に独身のまま居候させてもらったり、家を出て他の仕事についたりしました。その仕事の一つが兵士だったのです。つまり食っていくために兵士の道を選んだわけです。これを「**兄の道、弟の道**」などと言うことがありますが、実際には兄のほうが武士になりたがる例もあったようです。農業より戦《いくさ》が得意なら、それで出世できるかもしれませんからね。

こうした事情から**戦国大名の軍隊には、収入の乏しい農民がだいぶ含まれていました**。恩賞を十分にあたえられなかった彼らは戦場で「**乱取り**」（略奪）に励み、戦国大名もそれを認めざるをえませんでした。

❖他の戦国大名に攻めこまれたら

逆の場合を考えてみましょう。他の戦国大名が自分の領国内に攻めてきた時には、戦国大名は城から出て戦うか、城に立て籠《こ》もるかの二者択一を迫られます。堅固な城で兵糧がたっぷりあれば、持久戦に耐えられる可能性が高いでしょう。

いっぽう**城攻めには守備兵の3倍の兵数が必要**だと言われていました。しかし兵数が多いとそれに比例して兵糧がどんどん消費されていきます。このため兵糧不足に陥り、やむなく撤退することもよくありました。

城に救援軍が駆けつけた場合には、城攻めしている側が逆に包囲されてしまうこともありました。救援軍と城内の兵に挟まれてしまうわけです。

これまで見てきた戦いで言うと、**第四次川中島の戦い**（P.68）の時に、武田信玄が大軍をひきいて海津《かいづ》城を助けに来ていましたね。あのときは結局上杉軍が城攻めをあきらめ、武田軍と野戦をして撤退したのでした。武田軍は大きな被害を出しながらも、城の防衛には成功したわけです。もうひとつ、**河越夜戦**（P.58）の時には北条氏康が救援に駆けつけ、少ない兵で城攻めの軍を破りました。長期戦になると兵の間に厭戦《えんせん》気分が広まり、士気が下がって負けやすくなりがちでした。

それでは他国の軍勢に攻めこまれたとき、農民たちはどうしたのでしょう。何もせずにいたら敵に「乱取り」されてしまうので、さまざまな場所に避難しました。避難先はたとえば武士が立て籠もる城内です。中心の曲輪《くるわ》（本丸）には入れてもらえなくても、二の丸、三の丸といった曲輪には避難できることがありました。そしてそこは日頃から農民が土塁や堀などをメンテナンスする場所でもありました。どうりで曲輪が広いわけです。ほかの避難先としては、村の裏山や村人がつくったと思われる城もありました。

敵対する大名領国の境界付近の村々は常に危険にさらされていましたから、彼らは**「境目《さかいめ》の村」**として、**「境目の国衆《くにしゅう》」**（P．94）と同じような工夫をして生きのびようとしました。敵対する国衆の両方に年貢を半分ずつ納め、双方から略奪をしないという確約をとったのです。こうしたことを**「半手《はんで》」**といいます。頼もしいことに、村はみずから軍事的中立地帯になろうとして交渉していたわけです。

第5章

西日本の戦国大名

東日本にくらべて三毛作が可能な西日本は、貿易や鉱山からの収入でもうるおいました。中国・九州地方で一大勢力となる毛利家と島津家には、助け合う兄弟の姿がありました。

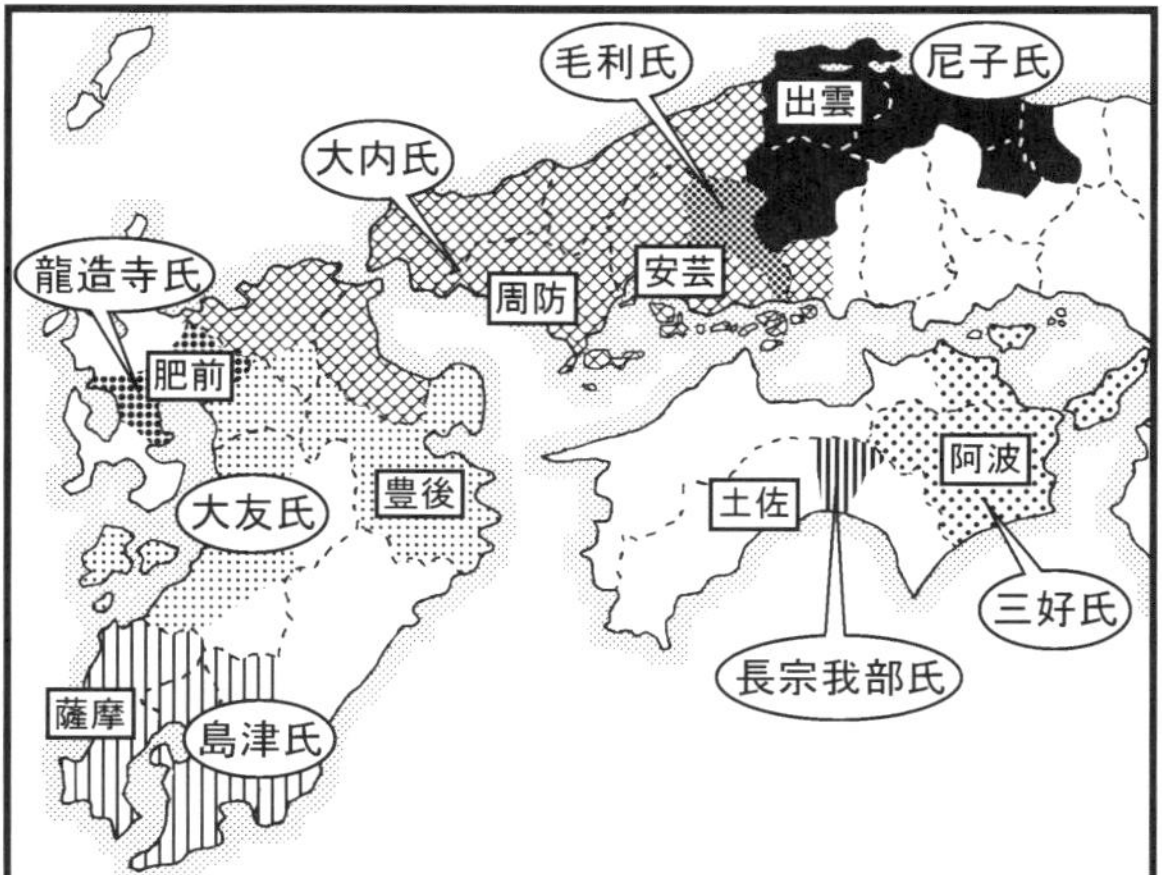

●1540年代半ばの東日本のおもな戦国大名と領国

中国地方を一代で制した毛利元就

この章では、西日本の戦国大名の動きを追ってみましょう。西日本でみごとな下剋上をはたした戦国大名に毛利元就《もうりもとなり》がいます。安芸国《あき》（今の広島県西部）の国人からのし上がり、たった一代で中国地方のほとんどを制するまでになりました。

❖数十年にわたる大内氏と尼子氏の戦い

毛利元就が生まれたのは、応仁の乱が終わった20年後の１４９７年のことです。毛利氏は、鎌倉幕府の公文所《くもんじょ》の長官・大江広元《おおえのひろもと》の血を引くものの、このころには**安芸国の国人領主**にすぎませんでした。元就は幼くして父母を亡くし、みなしご同然となります。やがて兄と兄の子があいついで亡くなり、元就が毛利家の家督をつぎました。最初は尼子《あまご》氏と大内氏の二大勢力に挟まれ、難しい舵取《かじと》りを迫られました。

尼子氏はもともと四職（P.22）の一つである京極氏の守護代でした。１４８６年、

尼子経久《つねひさ》が主君の居城であった**月山富田城《がっさんとだ》**（島根県安来市）を襲い、山陰地方に勢力を広げました。やがて経久は、11カ国を支配する戦国大名となっていきます。

いっぽう大内氏は**日明貿易**で大きな富を築いた守護大名で、周防国（今の山口県の東部）を拠点に、東の尼子氏と戦いつつ、西は九州北部にも勢力を広げていました。

毛利元就が尼子方から大内方に鞍替《くらが》えすると、怒った尼子氏は１５４０年、元就の居城・**郡山城《こおりやま》**（広島県安芸高田市）を３万の軍勢で包囲しました。毛利軍は籠城《ろうじょう》し、４カ月間ねばります。そこに駆けつけたのが大内氏の重臣・**陶晴賢《すえはるかた》**です。これで形勢逆転と見た尼子方の国人たちは大内方に寝返り、尼子方は大敗しました。

大内方は反転攻勢に出ました。１５４２年、毛利元就の属する大内方は、尼子氏の居城・月山富田城を包囲します。しかし、１年半近くかけても城を落とせず、元尼子方の国人たちは愛想をつかして離脱していってしまいました。**大内義隆《よしたか》**は城攻めをあきらめ撤退しますが、背後から尼子軍に追い討ちされ、大きなダメージを負いました。

これ以後大内義隆は戦《いくさ》に対する興味を失い、文化にのめり込んでいきます。京都から公家を招いて交流したため、城下町である**山口**は小京都と呼ばれるようになりました。ここはかつて、連歌師の**宗祇《そうぎ》**や水墨画家の**雪舟《せっしゅう》**らも滞在した町です。

こうした主君の態度に不満を抱いた重臣・陶晴賢は、1551年に大内義隆を襲って滅ぼしました。といっても陶晴賢はみずから守護にはならず、**豊後《ぶんご》国**（今の大分県）

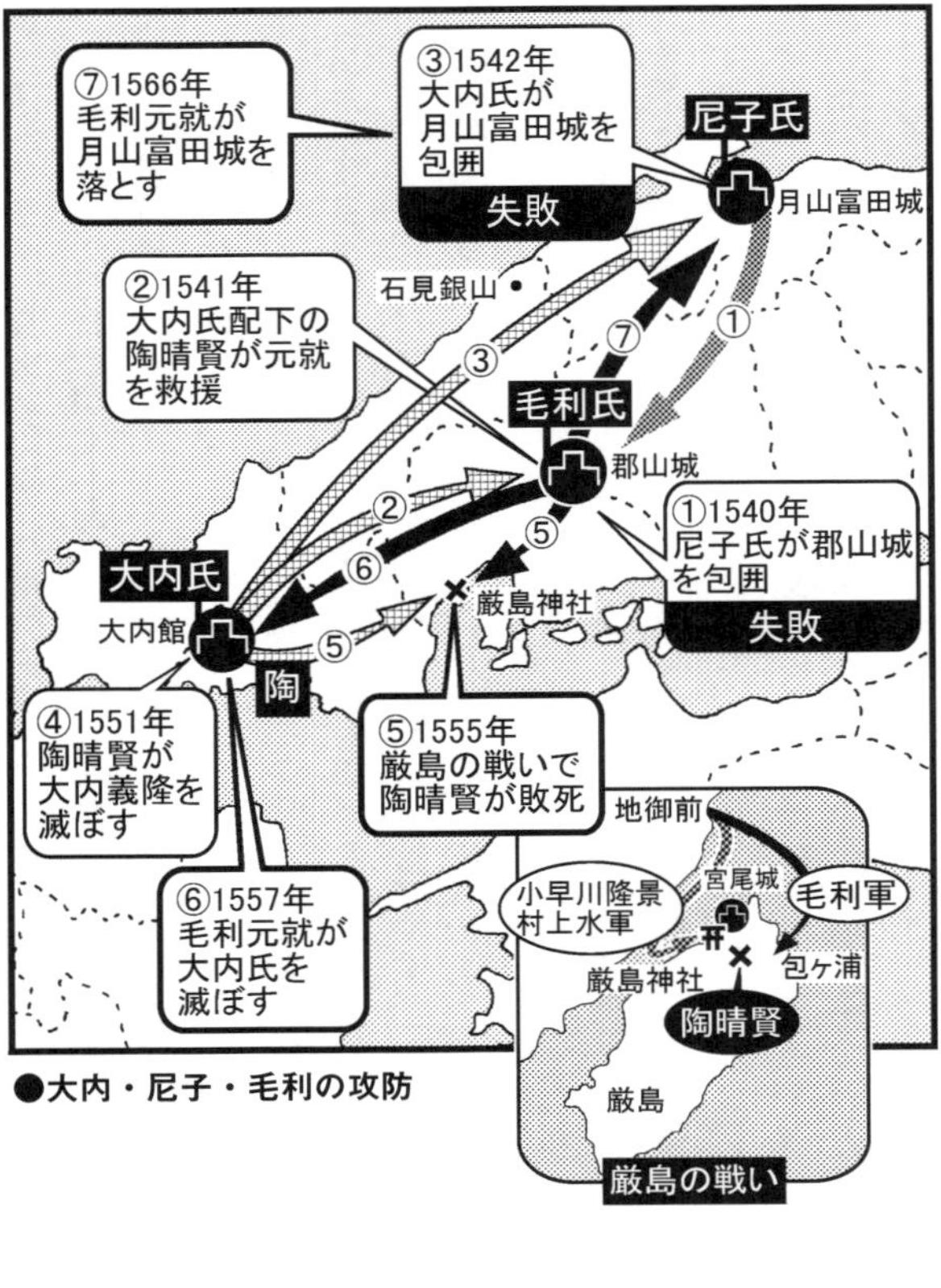

●大内・尼子・毛利の攻防

の戦国大名・**大友宗麟**《おおともそうりん》の弟を守護に迎えて、大内氏を名のらせました。
大内氏が事実上滅亡したことで、大内氏のライバル大友宗麟と尼子氏は勢力をのばします。毛利元就もすかさず大内方の城を次々と落としました。元就は事前に陶晴賢から裏切る計画を聞いていて機敏な行動をとったようです。

❖みごとな毛利元就の奇襲作戦、厳島の戦い

毛利元就は調略《ちょうりゃく》に長けていました。日ごろから子どもたちにも「はかりごと多きが勝つ」と教えていたほどです。わかりやすい実例を紹介しましょう。

大内義隆を滅ぼした陶晴賢は、形だけ大内氏を立てて支配を強めました。これに対して家臣の不満が高まると、それを知った毛利元就は陶氏を倒すチャンスと考えました。しかし、陶氏と戦う背後を尼子氏に攻められてはたまりません。そこで、まず尼子氏に調略をしかけました。尼子氏当主を疑心暗鬼《ぎしんあんき》に陥らせるべく、「尼子氏のおじが毛利方に寝返ろうとしている！」との情報を流したのです。それを信じた尼子氏当主は、身内であるにもかかわらずおじを殺してしまいました。これをきっかけに尼子

氏の勢力は衰えていくことになります。いっぽう元就は、陶晴賢との戦いに専念できるようになりました。

翌1555年、陶氏の内部でも同じようなことがおこりました。元就が調略していたのか、陶晴賢が自分の腹心を殺してしまったのです。それでもまだ陶軍の勢力は毛利軍よりはるかに大きいです。ふつうに戦って勝てる相手ではありません。そこで元就は、陶軍を身動きしにくい狭い場所におびき出して叩く作戦を立てました。選ばれた場所は**厳島**《いつくしま》です。

広島湾にある厳島は、海に赤い鳥居が浮かぶ**厳島神社**のある島です。元就は厳島神社のそばに宮尾城《みやのお》という小さな城を築き、陶軍に攻撃させようと仕向けました。陶晴賢は元就の調略にかかったのか、それとも小さな城だとあなどってか、厳島に渡って陣を敷きました。厳島が水上交通の要衝《ようしょう》だったからという説もあります。いずれにしても陶軍の数は2万。これを迎え討つ毛利軍はわずか4千。58歳の元就は人生最大の大勝負に打って出たのです。

決戦前夜、毛利軍は暴風雨の中を厳島に渡りました。島の裏側から尾根に上がった本隊は陶軍の背後にひそみ、別働隊が正面の鳥居側から上陸して朝を待ちました。陶軍をはさみ撃ちにする作戦です。夜が明けると元就の号令でいっせいに総攻撃が始まりました。背後を不意打ちされた陶軍は、大混乱に陥り海岸に逃げます。しかし、その先にも毛利方の小早川《こばやかわ》水軍と瀬戸内の村上水軍が待ち受けており、陶軍では死者が続出しました。**陶晴賢もその場で自刃**したほどです。

この2年後、元就は抵抗をつづけていた大内氏も滅ぼして、周防《すおう》・長門《ながと》両国（今の山口県）を奪いました。

❖三本の矢にたとえられた毛利家の三兄弟

毛利元就といえば「**三本の矢**」の逸話も有名です。病床に臥《ふ》した元就が、三人の息子に「一本の弓矢は簡単に折れるが、三本なら折れない」と言って、兄弟が結束するように諭《さと》したというものです。しかしこれは実話ではありません。元就が病床に臥した1571年には、とうに長男は亡くなっていたからです。ただし、このもととなる史実はあります。

元就がまだ国人領主にすぎなかった時代に、二人の子を安芸国の有力国人・吉川《きっかわ》家と小早川家の養子に入れました。つまり長男の隆元《たかもと》に毛利家をつがせ、二男は**吉川元《もと》春《はる》**となり、三男は**小早川隆景《たかかげ》**となっていきました。こうして勢力を広げ、元就は安芸国の国人一揆の盟主的立場となっていったのです。そして、大内氏を完全に滅ぼした1557年、元就は三人の子に教訓状をあたえ、二男・三男は兄の毛利家を支え、三人が協力していくよう命じたのです。吉川・小早川の二つの「川」を取って、この体制を「**毛利両川《りょうせん》**」と呼んでいます。この事実に中国の故事が結びついて「三本の矢」の話が生まれたようです。

そしてこの「**国人一揆の盟主**」という立場こそ、毛利氏の支配体制の特徴でした。1550年に元就が反抗的な重臣を誅伐《ちゅうばつ》した際に、238人の国人メンバーがサインをした誓約書が元就に提出されました。そこには元就の行動を支持し、これからはメンバーどうしが戦うことなく、紛争がおきても毛利氏の指示があるまで「**堪忍《かんにん》**」し、すべて毛利氏の裁定にゆだねると書かれています。やはり彼らもいたずらに戦いたくはないわけですね。そして、毛利氏は国人一揆のメンバーによって擁立された戦国大名として、国人勢力をそのまま抱えたのです。

尼子氏を倒してついに中国地方の覇者に

２００７年、島根県の**石見銀山**《いわみ》が世界文化遺産に登録されました。ここは戦国時代に相当な量の銀を産出していた銀山です。兵庫県の**生野銀山**《いくの》ともあわせて、日本の銀産出量は世界の三分の一にまで達していたほどです。

これほどの宝の山を戦国大名たちが放っておくわけがありません。これまで大内氏と尼子氏が争奪戦をくり広げてきました。大内氏亡き後は、毛利氏と尼子氏の争奪戦となりました。取って取られをくり返し、最終的には毛利氏のものとなります。その収入はばく大で、１５８１年の収入は現在の価値で30億円を超すほどだったという記録があります。銀は貿易の際の支払いに使えたため、これで毛利氏は輸入に頼らざるをえない硝石《しょうせき》（火薬の原料）などを入手できました。

石見銀山を手中に収めた元就はいよいよ尼子氏をつぶしにかかります。１５６５年から尼子義久《よしひさ》の居城・**月山富田城**を攻略し始めました。とはいえここは、かつて大内氏も攻めあぐねた堅城です。容易に落とせないと踏んだ元就は、城の四方を封鎖して兵糧《ひょうろう》攻《ぜ》めをおこないました。

籠城戦が始まって1年半が経とうとする頃、城内が乱れ始めました。元就が流したであろう噂により、尼子義久が筆頭家老を内通の疑いで殺してしまったのです。尼子氏には**山中鹿介**《しかのすけ》（**幸盛**《ゆきもり》）という武勇に優れた忠臣もいたのですが、主君は暗愚《あんぐ》でした。家臣のあいだに動揺が走り、城を抜け出すものが続出し、まもなく城は落ちました。

実際に月山富田城に登ると、そのどっしりとした大きさと、なかなか本丸にたどりつかない奥行きの深さに驚くはずです。単なる力攻めではとても落とせません。一度、大内氏に従軍してここを攻めたことのある毛利元就には、それがよくわかっていたのでしょう。元就が選んだ攻略法は、**厳島の戦い**のような奇襲作戦とは真逆の1年半もの期間をかけた兵糧攻めと得意の調略でした。

尼子義久はこれ以後、毛利家の客分として1610年まで生きますが、山中鹿介は主家再興をはかって何度も戦いを挑み、夢かなわず1578年に殺されました。尼子十勇士の筆頭として後世人気を博し、月山富田城に銅像が立っています。

三国志のような九州地方、そして四国

九州では大友氏、島津《しまづ》氏、龍造寺《りゅうぞうじ》氏の三氏の戦国大名が、三つどもえの戦いをくり広げました。この地方の戦国大名や国人・商人らは、朝鮮・琉球・ポルトガルなど、海外との貿易をさかんにおこなって大きな収益を得ていました。

❖九州の三分の二を制したキリシタン大名の大友宗麟

大友氏はもともと源頼朝に仕える武家で、本拠地は幕府に近い相模国大友郷《おおともごう》（神奈川県小田原市）でした。**豊後国**《ぶんごのくに》（今の大分県）にも所領を持っていたので豊後国守護をつとめ、戦国時代まで勢力を保って戦国大名となりました。大友氏の勢力が最大化したのは**大友宗麟**《そうりん》（**義鎮**《よししげ》）の時代です。その衝撃的な登場から見ていきましょう。

１５５０年、宗麟の父は嫡子の宗麟を廃して後妻の子にあとを継がせようとしました。ところがこれに反発した家臣らは主君を後妻ともども殺して、かわりに宗麟を新たな君主に立てたのです。つまり宗麟は、父を殺した者たちに推されて家督をついだことになります。

　こんなに肉親同士の愛憎劇を見せつけられると、円満に家督相続ができた一族には、拍手を贈ってあげたくなりますね。

　ところで、海をはさんだむこうの周防国で陶晴賢が大内義隆を殺したのは、この翌年のことでした（P.128）。このクーデターがおきる前に、実は陶晴賢と大友宗麟のあいだで密約ができていました。それは「大内家の新当主に、大友宗麟の異母弟を養子として送りこむ」という内容です。これにより陶晴賢は九州方面の安全を確保し、大友宗麟は勢力を広げて肥前《ひぜん》国（今の佐賀県と長崎県）の守護職を手に入れました。

　もっともこの大内家の新当主は毛利元就によって滅ぼされます。そのとき大友宗麟は、大内氏の勢力下にあった九州北部をうばい取りました。さらには**九州にある9カ国のうち6カ国を支配**するほどに勢力を広げていきます。

　この強さの背景には**南蛮貿易**がありました。大友氏が城をかまえていた**豊後府内《ふない》**（大分県大分市）は貿易港で、宣教師**フランシスコ＝ザビエル**は宗麟に招かれてここにしばらく滞在しています。宗麟は布教を許しただけでなく、周囲の反対をおしきって自分自身も洗礼を受けました。そこには南蛮人の歓心を買って南蛮船を誘い、貿易による利益を得ようという下心も隠れていました。ポルトガルの東インド総督にせがんで、大砲「国崩《くにくずし》」もいち早く入手したほどです。

三本の矢よりも強い？ 鉄砲を持った島津四兄弟

九州南部に勢力を広げる島津氏も大友氏と同じく鎌倉幕府の御家人でした。**薩摩国**《さつま》（今の鹿児島県の西部）に所領を持って守護にもつきましたが、はじめは現地に代官を送るだけでした。九州に移り住んだのは13世紀後半の蒙古襲来の後のことです。やがて大隅《おおすみ》国（今の鹿児島県の東部）と日向《ひゅうが》国（今の宮崎県）とあわせて三国の守護になりますが、戦国時代には一族内で激しい抗争をくり返しました。これをまとめあげたのは**島津貴久**《たかひさ》です。その息子の四兄弟のときに島津家は最盛期を迎えます。

この四人の兄弟は協力しあって島津家の勢力を拡げていきました。「大将のかがみ」と言われた長男の**義久**《よしひさ》が家督をつぎ、武勇にすぐれた二男の**義弘**《よしひろ》が戦場で総大将をつとめ、智謀にすぐれた三男の歳久《としひさ》が当主をたすけるなど、長所を活かした役割分担をしていました。のちに**関ヶ原の戦い**に参陣するのは二男の義弘です。

九州南端に位置する島津氏には地の利による収入がありました。それは琉球との貿易です。そのせいか大友氏のようにみずからキリシタンとなってまで南蛮船を呼ぼうとはしませんでした。1549年にフランシスコ＝ザビエルがはじめて踏んだ日本の地は**鹿児島**でしたが、布教を認めたのは最初だけで、まもなくザビエルを追いだしています。

島津氏が地の利によって得たものには**鉄砲**もありました。鉄砲がはじめて日本にもたらされた地は鹿児島県の**種子島**《たねがしま》です。この島に1543年、ポルトガル人が乗る1隻の中国船が漂着しました。島の主である**種子島時堯**《ときたか》は彼らが持つ鉄砲の威力に驚き、それを買い求めました。さらに鉄砲の使用法と製造法を家臣に学ばせ、さっそくつくらせたのです。

やがて鉄砲の製造法は**堺**（大阪府堺市）・**根来**《ねごろ》（和歌山県岩出市）・**国友**《くにとも》（滋賀県長浜市）などに伝わってどんどん生産されていきます。これまでの戦い方が変わろうとしていました。

❖「釣野伏せ」で大友軍を敗走させた耳川の戦い

島津軍には独特な戦法がありました。その一つである「**釣野伏せ**《つりのぶ》」を仕掛けて勝利したのが、1578年に大友軍との間でおこなわれた**耳川**《みみかわ》**の戦い**（高城《たかじょう》の戦い）です。この戦いの背景から紹介しましょう。

島津義久が薩摩・大隅・日向の三国を支配下におさめると、日向の伊東氏は北方に逃げ、豊後の**大友宗麟**を頼りました。当時、九州最大の勢力であった大友宗麟はこれに応え、数万の兵をひきいて出陣します。もっとも宗麟自身は戦場のはるか後方に身を置き、先鋒の軍に島津方の高城《たかじょう》（宮崎県児湯郡）を包囲させました。自慢の大砲「国崩」で城への砲撃もおこなったようです。

この高城は島津軍にとっては北方最前線に位置する城です。城内には島津家四男の家久《いえひさ》もいて、大友軍の猛攻によく耐えていました。島津家当主の義久は、みずから軍をひきいて出兵し、高城川（小丸《おまる》川）をはさんで大友軍とにらみ合いとなりました。

「釣野伏せ」とはおとり部隊で敵兵を誘い出し（釣り出し）、それをあらかじめ配しておいた伏兵《ふくへい》（野伏せ）で敵を取り囲んで討つ作戦です。大友軍は伏兵にあわてふためきますが、逃げもどろうにも川を歩いて渡らなければなりません。そこを島津軍に攻撃されて相当な死者が出ました。こうなると川の向こうで待機していた大友軍もなだれを打つように敗走しはじめます。約30km北にある**耳川**では、島津軍の猛追撃にあって大友軍は壊滅状態となりました。この敗戦をきっかけに大友氏の勢力は急速に衰えていきます。

❖龍造寺隆信を倒して九州統一まであと一歩に迫る

大友家が衰退していく隙をついて肥前国（今の佐賀県と長崎県）では**龍造寺隆信**《りゅうぞうじたかのぶ》が勢力を伸ばし、九州三大勢力の一つにまでなりました。このとき隆信の右腕として活躍した重臣に**鍋島直茂**《なべしまなおしげ》（隆信の異父弟にあたる）がいます。

しかし、1584年に島原半島でおこった**沖田畷**《おきたなわて》**の戦い**では島津軍に敗れました。「畷」とは湿地帯の中に延びた小道のことです。島津家四男の家久は、またもや「釣野伏せ」を用いて龍造寺軍を泥の田に誘い出し、龍造寺隆信を討ち取りました。

こうして**島津氏が九州全土を統一**しかけたその時にあらわれたのが豊臣秀吉です。この豊臣秀吉は、尾張国の農家の生まれで、かつては**木下藤吉郎**《きのしたとうきちろう》という名前で信長に仕えていました。あだなは「猿」。のちに**羽柴秀吉**《はしばひでよし》、豊臣秀吉と名を変えますが、この本では豊臣秀吉に統一します。

九州征伐に乗りだした秀吉は島津軍を圧倒し、ふたたび島津氏は薩摩・大隅両国におさえこまれてしまうのです。

❖ラッキーチャンスを生かして四国を統一した長宗我部元親

室町時代の四国は、伊予《いよ》国（今の愛媛県）以外の3国を細川氏が領有していました。そのうちの**阿波**《あわ》**国**（今の徳島県）で守護代・三好氏が台頭し、やがて**三好長慶**《ながよし》が近畿地方にまで勢力を広げます。しかし長慶が亡くなると三好氏の勢力は衰え、かわって**土佐国**（今の高知県）の国人・長宗我部《ちょうそかべ》氏が台頭しました。

長宗我部氏は「一領具足《いちりょうぐそく》」とよばれた地侍を組織化して戦力としました。「一領具足」とは一揃《そろ》いの鎧《よろい》のことで、彼らはそれしか持たない半農半士といった者たちでした。

彼らをひきいて**長宗我部元親**《もとちか》は土佐一国を平定しました。さらに隣国にも手を伸ばすと織田信長から警戒され、「あわや衝突か⁉」というところまでいきました。そんなときにおきたのが**本能寺**《ほんのうじ》**の変**です。信長が家臣に殺されたおかげで、ラッキーなことに元親は織田軍と戦わずにすみました。ふたたび領土を拡大させて1585年には**四国全体を統一**します。ところがそこに立ちはだかったのが、これまた豊臣秀吉でした。豊臣軍に敗れた長宗我部元親は、土佐一国をあたえられて秀吉に従いました。

第6章

「天下統一」をめざした織田信長

桶狭間の戦いに勝利した時点の信長は、尾張国の統一すらできていませんでした。そこからわずか20年で全国統一に王手をかけます。そのスピードには何があったのでしょう。

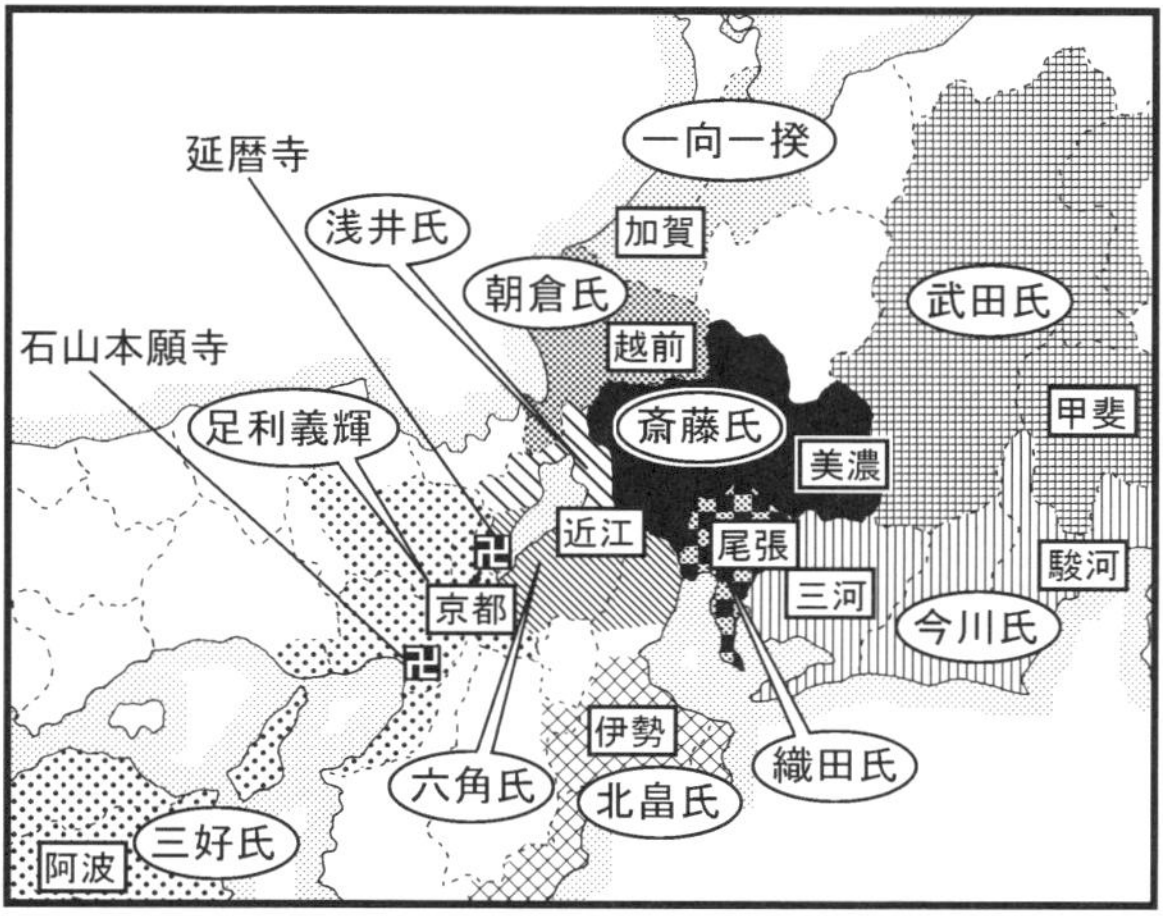

●桶狭間の戦い後の織田家をとりまく戦国大名と領国

若き日の信長

いよいよ戦国時代を大きく動かす立役者の登場です。北条・武田・今川といった強豪の戦国大名たちが、本拠地の領国支配をなし終えて隣国に踏み出していたころ、尾張国（今の愛知県の西部）の片隅で織田信長が生まれました。信長はそこからいっきに天下人《てんかびと》となるも家臣に殺されます。そのめまぐるしい人生はドラマの連続でした。

❖うつけ者と呼ばれた日々

１５３４年に**織田信長**が生まれたのは、**尾張国**の西のはずれの勝幡《しょばた》城（愛知県稲沢市）でした。ここは**津島**という門前町かつ港町をおさえる城でしたが、今は埋め立てが進んでしまって、港町の感覚は味わえません。城跡には石碑が立っているだけです。しかし、ここから北の濃尾平野の田園地帯に向かってゆるやかな川が３本も走っており、交通の便がよかったことをうかがわせます。

織田家は守護大名斯波《しば》氏の家臣で、**尾張国の守護代**をつとめていました。ただし信長はその本家に産まれたわけではありません。当時は岩倉城（愛知県岩倉市）を拠点とする織田家と、**清洲城**《きよす》（愛知県清須市）を拠点とする織田家が対立しており、信長の父の信秀《のぶひで》はこの清洲城の織田家の家老にすぎませんでした。

しかし信秀の勢力はさかんで、まだ尾張国の統一もなっていないのに三河《みかわ》国（今の愛知県の東南部）や美濃《みの》国（今の岐阜県南部）にも攻めこむほどでした。とはいえ、これではいくつ体があっても足りません。やがて信秀は美濃国の戦国大名**斎藤道三**《さいとうどうさん》とは和睦し、同盟を結びました。その証しとして斎藤道三の娘が、嫡子信長の妻として迎えられています。濃姫《のうひめ》とも帰蝶《きちょう》とも呼ばれる女性です。

当時の信長は武術に励むものの、見た目はかなり不良でした。髪や着物はだらしなく、腰にいろんなものをぶら下げて、柿や瓜にかぶりついたり、人によりかかったりして歩いていました。このため世間からは「**大うつけ**」つまり大バカ者と呼ばれていました。信長の教育係だった平手政秀《ひらでまさひで》はこれを嘆き、信長の目を覚まさせようとして切腹してしまったほどです。

こうした信長の奇行ぶりは有名ですが、生涯にわたって変な人だったわけではありません。のちには世間の評判をたいそう気にする様子も見えるのです。

信長の保護を受けてキリスト教を布教した宣教師の**ルイス＝フロイス**は、当時の日本の様子や信長について、著書『**日本史**』にさまざまなことを書きのこしています。それによると大人になってからの信長は、体つきは華奢《きやしや》で、ヒゲは少なく、声は快調だったとのことです。また、信長の仕事ぶりを知る人にとっては、生活習慣が気になるのではないでしょうか。睡眠時間は短くて朝は早く、酒は飲まずに食事も節制し、清潔好きとあります。若いころの奇行がウソのようですね。

❖ほれぼれするほどの財力があった織田家

信長の父が亡くなったのは、信長が19歳の時でした。その葬式で信長が抹香《まつこう》をつかんで仏前になげつけたというのも、うつけ者ぶりを物語る有名なエピソードです。

父亡き後の信長は、織田家自体をまとめあげるのに苦労します。前述のようなうつけぶりですから信長をバカにする者も多かったし、信長の弟に家督をつがせようとする家臣たちもいたからです。のちに信長の重臣となる柴田勝家もはじめは弟側についていた武将です。信長はそうした勢力との戦いを幾度も重ね、弟も殺しました。

この時期の信長の強さの理由を考えると、浮かび上がってくるのは先述の津島や、熱田神宮の門前町の**熱田**《あつた》といった商業の要所をおさえていたことです。

このころ伊勢湾内は頻繁に船が行き交い、港湾都市がめざましく発達していました。津島は湾内の奥まった位置にあり、同じく伊勢湾に面する熱田も東海道の「**七里**《しちり》**の渡**《わた》**し**」の発着場でしたから、物資の出入りはかなり多かったはずです。信長一族はすでに祖父の代から津島を掌握し、大きな収益を得ていました。それをうかがわせるのが信長の父による朝廷への多額の献金額です。内裏《だいり》の修理費用として4000貫も納めたとの風聞があります。一貫を10万円とすると4億円（！）相当です。たとえ話半分だとしても目の玉が飛び出る金額です。

この経済基盤を背景に、信長はどんどん家臣を増やしていきました。P.122でも見たとおり、農民の二男・三男には食い扶持を稼ぎたい者がたくさんいましたから、彼らを組織して親衛隊をつくっていったのです。商人出身の家臣もいました。

ルイス＝フロイスによれば、信長は非常に戦《いくさ》が好きで、軍事修練にもかなり励んでいたようです。それゆえ実際の戦場でも駆け回り、敵兵の首を取ることもしょっちゅうでした。そうした現場を知っている者ならではのエピソードがあります。

戦国時代の戦いというと刀を振り回すイメージかもしれませんが、実際には弓や槍がよく使われました。軍勢の先頭には、長槍をかまえた足軽が横一列に並んで「槍ぶすま」をつくり、敵の突撃をふせぎます。弓隊はその後ろから弓矢を放ちました。

敵もだいたい同じように槍隊と弓隊を配置しているので、戦闘がはじまると槍隊どうしがぶつかることになります。その際に槍で相手を刺すのかと思いきやそうではなく、上から叩くことが多かったようです。これだけでも「へーえ」という感じですが、おもしろいのはその槍の長さです。一般に5メートル前後の長さだったのを、長いほうが有利だと考えた信長は、なんと6メートルにもおよぶ長槍にかえたのです。重くてしなる長槍は腕力も必要ですが、何より槍隊を組織的かつ定期的に訓練しなければなりません。これはつまり**半農半士のような非常勤の兵士ではなく、正社員の兵士**でなければできないことです。そのために必要なものは彼らを雇う経済力、ズバリお金でした。

こうして信長の勢力下では、武士身分と農民身分がくっきり分かれる**兵農《へいのう》分離**が進んでいきました。

今川義元の首まで取ってしまった桶狭間の戦い

戦国時代には無数の戦いがありましたが、一日の野戦で敵の大将を討ち取るようなことはそうそうありません。なぜなら自軍が劣勢になったら大将は逃げ出すからです。ところが桶狭間《おけはざま》の戦いで信長は、大軍の将たる今川義元の首を取ってしまいました。

❖敵をあざむくには、まず味方をあざむけ

尾張国の東隣の**三河国**《みかわ》（今の愛知県の東南部）は、**徳川家康**（当時の名は松平元《まつだいらもと》康《やす》）が根拠地とする国でした。しかしそのころの家康は今川氏に従属しており、今川氏の勢力は駿河・遠江から三河国におよんでいました。**甲相駿三国同盟**（P.79）により背後の安全を確保した**今川義元**は、１５６０年、軍勢をひきいて尾張国に攻め入りました。

かつてこの戦いは「今川義元が京都へ上ろうとしたものだ」と考えられていましたが、実のところはよくある「国郡境目相論《こくぐんさかいめそうろん》」、つまり境界争いだと思われます。今川方が調略で寝返らせた鳴海城《なるみ》と大高城《おおだか》（ともに名古屋市緑区）の周辺に、織田方は砦を築いて対抗していたのです。今川軍の兵数は一万から四万五千まで諸説ありますが、対する織田軍は二、三千にすぎず、その落差が大きかったことは間違いありません。

今川軍が攻めて来たとの報が届くと、信長は家臣たちの前では籠城するとも迎撃するとも言いませんでした。しかし心中では籠城戦など考えておらず、討って出ると決めていたようです。翌朝早くに「人間五十年……」と**幸若舞**《こうわかまい》の「敦盛《あつもり》」を舞い、立ったまま湯漬《ゆづ》けをかっこんで出撃しました。そのとき従ったのは側近のわずかな兵のみ。無謀と言えばそれまでですが、籠城しても救援部隊が来なければ勝ち目はありません。そのころ信長の城であった**清洲城**は守りやすい山城ではないのです。織田家と同盟していた美濃の**斎藤道三**も、対立した息子に殺されてしまってすでにこの世の人ではありません。そうしたもろもろの条件を天秤にかけて、信長は野戦を選びました。前日にそれを言わなかったのは、情報漏洩《ろうえい》を防ぐためだったと思われます。すでに「うつけ者」として奇行をくり返していた信長ではなくなっていたのです。もしかしたらう

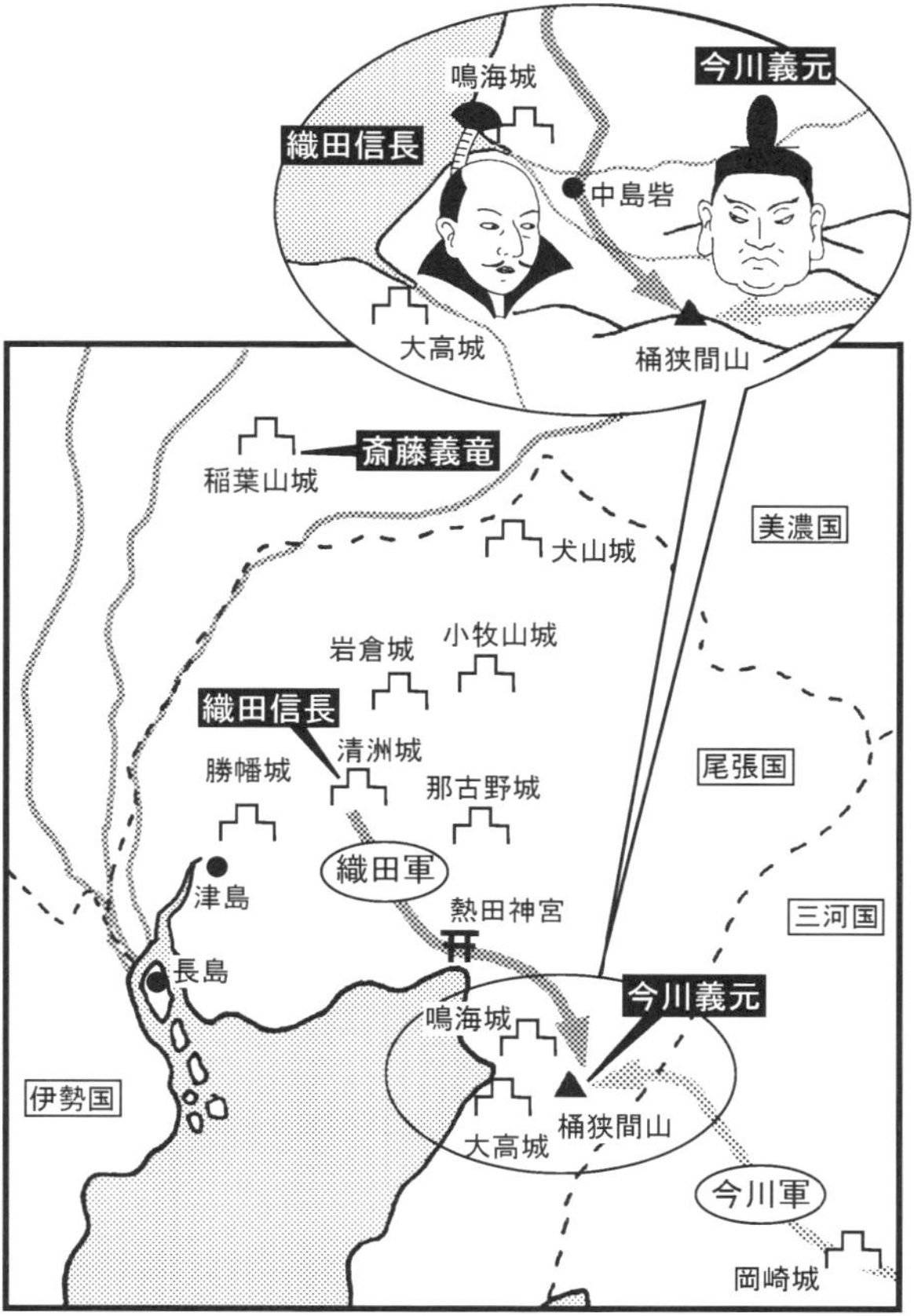
鳴海城
今川義元
織田信長
中島砦
大高城
桶狭間山
斎藤義竜
稲葉山城
美濃国
犬山城
岩倉城
小牧山城
織田信長
清洲城
勝幡城
那古野城
尾張国
織田軍
津島
熱田神宮
三河国
長島
今川義元
鳴海城
伊勢国
大高城
桶狭間山
今川軍
岡崎城

●桶狭間の戦い

つけなふるまいは敵をあざむくための演技だったのかもしれません。大人になった**信長は几帳面《きちょうめん》でありながら戦闘的で、スピード重視の人**に変わっていました。

さて、清洲城から出撃した信長は、途中の熱田神宮で戦勝祈願をしました。そこにあわてて飛び出してきた家臣たちがようやく追いつきます。向かう先は織田方が守る中島砦《とりで》です。その手前では家老たちが危険だからと、信長の馬に取りついて必死に引き止めたといいます。信長はそれを振り切って中島砦に駆け込みました。

いっぽう今川方では、先駆け部隊の徳川家康が大高城周辺の砦を落とし、大高城に兵糧を運びこむことに成功していました。そして今川義元のひきいる本隊は、桶狭間山に陣を張りました。

昼頃、激しい雨が降る中を織田軍は桶狭間山の裾野《すその》まで進みました。そして雨が上がり始めたところで信長が攻撃命令を下したのです。織田軍が駆け上がって攻め立てると、今川軍は後ろへ崩れてしまいました。今川軍は「こんな午後から戦いを始めるわけがない」とタカをくっていたのかもしれません。もしくは野戦を想定しておらず、準備が整っていなかったのかもしれません。とにかく今川軍が崩れると信長はさらに攻撃を加え、**今川義元を討ち取ってしまいました**。

その後信長は、今川義元の首を今川軍の捕虜に持たせ、僧侶10人を同行させて駿河に送り届けさせました。信長の意外な礼儀正しさにちょっと驚きませんか？

❖奇襲作戦の代名詞となった「桶狭間」

かつてこの**桶狭間の戦い**は、低地にいた今川義元を織田軍が迂回路をとって奇襲したと説明されてきました。しかし古い文献には「おけはざま山」とあり、むしろ今川軍は高地にいたと思われます。桶狭間という名前からいつの間にか谷あいのイメージができてしまったのでしょう。

明治時代には参謀本部が軍事研究をおこない、桶狭間の戦いは迂回奇襲作戦だったと『日本戦史』に記しました。このため奇襲説が定着し、兵力の劣る日本軍が大国相手に戦う際に「桶狭間の時のように奇襲すれば勝てる！」と言われやすくなったのです。実際、太平洋戦争中には敵の側面や背後に回りこんで奇襲する作戦がたびたび立てられました。しかし、敵に察知されたり日本軍の動きが遅かったりして、そのほとんどは失敗に終わっています。

❖いつまで続く？ 織田・徳川同盟

ここまで読まれて、桶狭間の戦いのときにどうして徳川家康が今川方にいたのか気になったかたもいるのではないでしょうか。

家康は1542年に**岡崎城**（愛知県岡崎市）で、松平氏の子として生まれました。**三河国の国人であった松平氏**は今川方に属していたため、6歳の家康を人質として今川氏に差し出しました。ところが駿河に向かう途中で織田方にとらわれ、2年間は安《あん》祥《じょう》城（愛知県安城市）ですごします。その後、今川氏と織田氏の間で人質交換がなされ、家康は今川領の**駿府**《すんぷ》（静岡県静岡市）に移りました。家康は人質ながらも松平家の当主として、岡崎の兵をひきいて出陣することもあったようです。そうして迎えたのが桶狭間の戦いでした。

桶狭間の戦い後、今川氏の勢力は急速に衰えていきます。徳川家康は岡崎城に入って今川氏から独立し、織田方と交渉をおこない境界線を定めました。さらに1562年には同盟を結ぶにいたったといいます。さらに**三河の一向一揆**も鎮圧して、家康は三河国（今の愛知県の東南部）の戦国大名となりました。

ところでほんとうに徳川家と織田家は同盟関係にあったのでしょうか？

実は戦国時代に結ばれた同盟は、破られることがしばしばでした。戦国大名たちもそれは自覚していたようで、同盟を結んだ後にも何度も手紙を送り、同盟関係を確認しあっていたほどです。**甲相駿三国同盟**なども武田信玄によって破棄されたことはすでに述べました（P.79）。

このように同盟といっても守られるとはかぎらないため、織田・徳川同盟はまれに見る長期間の同盟としてたたえられることがあります。たしかに家康も信長も互いに裏切ることはありませんでした。しかしこの同盟について記しているのは江戸時代に成立した史書なのです。とすると家康を美化するために話を盛っている可能性がありま す。なぜならどんどんビッグになっていく信長とそれほどでもない家康が、対等な関係でいられたはずがないからです。現実には、家康が信長の臣下に近い立場となっていったのではないでしょうか。それなら信長も家康を討つ必要はありません。

❖武田・北条・徳川の3氏に切り取られた今川領国

甲相駿三国同盟を破棄した**武田信玄**が駿河に攻め入ると、**北条氏康**は今川氏を救援しようと駿河に出陣しました。氏康本人がお出ましとはその怒りぶりがうかがえますね。そのうえ氏康は、信玄との戦いに専念するため上杉謙信に同盟を結ぼうともちかけました。翌1569年には**北条・上杉間に同盟が成立**しています。

そのころ家康も動きました。名前を松平元康から徳川家康と改め、今川氏の領国である遠江《とおとうみ》国（今の静岡県の西部）に侵攻したのです。当時は**織田信長と武田信玄の間に同盟**が結ばれていたため、家康と信玄は協約して家康が遠江国、信玄が駿河国西部をそれぞれ支配しました。このあと家康は遠江国の**浜松城**（静岡県浜松市）に移って、東方の動きに備えます。

いっぽう駿河国の東部はどうなったのかというと、信玄に対して戦いを挑んできた北条氏が占領しました。そして今川義元のあとを継いでいた**今川氏真《うじざね》**は、北条氏のもとに身を寄せて、なんだかんだと江戸時代まで生きのびるのです。

信長が名づけた「岐阜」

織田信長が他の戦国大名と異なる点の一つに、居城をどんどん変えたことが挙げられます。清洲城にいた信長は、小牧山《こまきやま》城、岐阜《ぎふ》城、安土《あづち》城と引っ越しをつづけました。これは「職住接近」とも言えることでした。

❖なんとか間に合った織田信長の尾張統一

織田信長が敵対する親族を滅ぼして**尾張国を統一**したのは１５６５年のことでした。これは最後の**川中島の戦い**の翌年です。つまり信玄と謙信が戦いあっていたおかげで、信長は時間稼ぎができたのです。もし彼らの戦いがもっと早くに終わっていたら、尾張国統一の前に信玄が攻めこんできていたかもしれません。信長はそれに耐えられたでしょうか。いやはやギリギリ間に合いました。これぞ「漁夫《ぎょふ》の利」ってやつですね。

この年、京都では13代将軍**足利義輝**《よしてる》が殺されました。義輝を襲ったのは、**三好三人**

衆と呼ばれた三好家一門と**松永久秀**《まつながひさひで》らの軍勢です。このときから信長は、自分が足利将軍をたすけて京都入りすることを考えはじめました。いっぽう三好三人衆は3年後に**足利義栄**《よしひで》を14代将軍に擁立しました。

❖美濃国をうばって岐阜城に引っ越し

尾張国の北の**美濃国**（今の岐阜県南部）は、油売りからのし上がったといわれる戦国大名の**斎藤道三**の一族が支配していました。しかし、この成り上がりの話は事実ではありません。実際のところは、美濃国の守護大名土岐氏の重臣長井氏に取り入った斎藤道三の父が長井家を乗っ取り、その後、道三が守護代の斎藤家を乗っ取って斎藤道三と名乗るようになったのです。道三の父が油売りをしていた可能性はありますが、定かではありません。

ところで、この斎藤道三と信長が初めて会ったときのエピソードは大変有名です。娘を信長に嫁がせたものの道三は信長と顔を合わせたことはありませんでした。「うつけ者」と呼ばれた婿《むこ》を確かめたいと思った道三は、信長に聖徳寺《せいとくじ》（愛知県一宮市）

での会見を求めました。

そして会見の日、聖徳寺に向かう信長を道三がこっそりのぞき見ると、案の定《じょう》信長は例のヘンな格好をしていました。ところがいざ聖徳寺で対面してみると、信長は髪を整え、長袴《ながばかま》に刀をきちんと差しているではありませんか。先ほどとはうって変わった様子に道三だけでなく、信長の家臣までもが驚きました。道三はこの信長の行動に舌を巻き、「無念だが、わしの子はあのたわけの門に馬をつなぐことになろう」と語ったといいます。斎藤家は信長の支配下に入るだろう、という意味です。

道三はその後1556年に、子の**義竜《よしたつ》**と対立し戦って敗死しました。その義竜が亡くなると子の**竜興《たつおき》**があとを継ぎます。信長は美濃攻略のため、より美濃に近い**小牧山城**（愛知県小牧市）に移り、斎藤氏と戦いをくり返しました。

そうして1567年、信長に大きなチャンスがやって来ました。斎藤氏配下の美濃三人衆が織田方に寝返ってきたのです。それを聞いた信長は、まだ彼らから人質を受け取っていない段階にもかかわらず、いち早く軍勢を**稲葉山《いなばやま》城**（岐阜県岐阜市）に派遣し攻め立てました。スピード重視の信長らしい行動です。稲葉山城の**斎藤竜興**は敗れ、伊勢長島に逃げていきました。

こうして美濃を平定した信長は、小牧山城から稲葉山城に居城を移します。京都入りを考えての引っ越しでした。このとき地名を「岐阜《ぎふ》」に改めたので、稲葉山城は**岐阜城**と呼ばれることになりました。

現在の岐阜城にはコンクリートでつくられた模擬天守があるものの、もちろん当時の建物ではありません。そもそも高層の天守閣などなかっただろうと思われます。居館は麓《ふもと》にもありましたが、信長は家族とともに山頂の施設にいることが多かったようです。今はロープウェイがあるので簡単に登れますが、信長の時代は歩いて登らなければならず、その苦労がしのばれます。

足利義昭にお供して都入りをはたす

岐阜城に入ってからの信長の動きは、端から見ると急展開の連続です。翌年には京都入りをはたし、あっという間に畿内《きない》を平定。そのかたわらで伊勢も平定し、支配領域をいっきに拡大させます。はたしてそれは良いことだったのでしょうか。

❖「天下布武」をかかげる

岐阜城に移ってからの信長は、「**天下布武**《てんかふぶ》」と書いたハンコを文書に捺《お》すようになりました。これは「天下を武力で統一する」という意味ですが、ここでいう「天下」とは日本全国のことではありません。畿内（京都・大阪・奈良あたり）あたりをさすだけです。「天下統一」＝全国統一と考えるのが現代人の感覚なので、つい「天下布武」の「天下」も全国と思いがちです。しかしそう解釈すると矛盾が生じてしまいます。

信長はこのハンコを捺した手紙を、上杉謙信や毛利元就たちにも送っているのです。もし「天下」が日本全国をさすとしたら、それはもう手紙じゃなくて果たし状になってしまいます。なにしろハンコに「お前を武力でシメてやる！」って書いてあるのも同然ですから。しかも毎回毎回ペタペタと。これじゃあ受け取る側もキレますよ。

実際はこれで関係が悪化したなんてことはありませんでした。むしろ信長は1572年に上杉謙信と同盟を結びますし、毛利元就ともこの段階では良い関係にありました。上杉謙信には**狩野永徳**が描いた**『洛中洛外図屏風《らくちゅうらくがいずびょうぶ》』**をプレゼントしたほどです。

そして同盟といえば、岐阜城に移った年に信長は**北近江《きたおうみ》**（今の滋賀県の北部）の戦国大名**浅井長政《あざいながまさ》**に妹の**お市《いち》**を嫁がせて、同盟を結びました。翌年には北伊勢（今の三重県の北部）の有力国人・神戸《かんべ》氏に三男の**信孝《のぶたか》**を養子として送りこみます。さらに翌1569年に南伊勢を攻めたときには、二男の**信雄《のぶお》**を伊勢国司の北畠《きたばたけ》氏の養子としました。つまり信長は、神戸氏と北畠氏の家督を自分の息子にゆずらせたというわけです。信長も毛利元就に負けず劣らず養子縁組作戦をおこなっていますね。

❖足利義昭をともなって信長上洛

13代将軍足利義輝が三好三人衆らに殺された際（P．157）、義輝の弟の**義昭**《よしあき》は脱出して**越前国**（今の福井県の東部）の**朝倉義景**《あさくらよしかげ》のもとに身を寄せました。義昭は三好三人衆らが立てた新将軍を認めず「幕府を再興したい」と各地の勢力に伝えました。信長はこれに応えて義昭を美濃に迎え、1568年に義昭をともない京都入りをはたします。これに連動しておこなわれたのが武田信玄の駿河侵攻でした（P．156）。

上杉・北条・今川の3氏を敵に回すことになった信玄は、信長に同盟をもちかけていたのです。織田勢力との衝突を避けようとの腹でした。これは信長にとってもラッキーな提案です。信玄と同盟を結べば背後を心配せずに西へ向かえるからです。

美濃から京都までの途中には、まだ信長に従っていない勢力がありました。南近江の観音寺《かんのんじ》城（滋賀県近江八幡市）にあった戦国大名**六角**《ろっかく》**氏**です。六角氏は信長と対立して三好三人衆側についたものの信長軍に敗れました。

信長が畿内をほぼ平定し終えた後、**足利義昭**は**征夷大将軍**に任じられました。義昭は信長に「副将軍か管領《かんれい》になってくれ」と頼みますが、信長は首を縦にふりません。義昭の下につきたくないからです。それどころか信長は、義昭が勝手に諸国に命令を出さないよう約束させました。幕府再興といっても**義昭は飾りにすぎず、政治の実権は完全に信長がにぎっていた**のです。

京都の人びとは最初こそ信長を恐れたものの、朝廷や寺社の所領を元にもどされて安心しました。ただし関所は撤廃され、関銭を徴収することは禁じられました。

この時点で、尾張から畿内にかけての広い領域を信長は支配しました。つまり「**天下布武**」を達成したのです。支配領域が広がると、領域内の非戦闘地域が拡大します。おかげで安定的な収入が増え、他の大名に対する大きな強みになりました。

意外とラクに「天下布武」が達成できて気をよくしたのか、このとき信長は「唐入《からい》り」、つまり中国攻めまで視野に入れたようです。もちろんそんな簡単にはいきません。それどころか強引な織田軍の侵攻のせいで、面従腹背《めんじゅうふくはい》の者があらわれました。いつなんどき反旗を翻《ひるがえ》すかわからない者たちです。また古くからの家臣の中にも、変化のスピードについていけない者が出てきます。この点が最大のウィークポイントになってしまうことに、このときの信長はまだ気づいていませんでした。

四方八方を敵に囲まれた信長のピンチ

「天下布武」を達成して喜んだのもつかの間、信長は周囲の戦国大名に敵視されて、四方八方との戦いを迫られます。同盟していた浅井氏にも裏切られ、宗教勢力とも戦わざるをえなくなりました。順風満帆《じゅんぷうまんぱん》に見えた信長に次々とピンチが訪れます。

❖反発する朝倉義景と浅井長政の裏切り

ことの始まりは1570年に、信長が戦国大名や国人《こくじん》に対して発した文書でした。「天下静謐《せいひつ》のために上洛《じょうらく》してほしい」と、畿内の平和のために京都に来てもらいたいと要請したのです。宛先は東は甲斐《かい》国、西は備前《びぜん》国（今の岡山県東南部）までです。信長は自分が将軍や朝廷を支える立場であることを利用して、彼らが自分に従うかどうかの踏絵《ふみえ》を踏ませたとも言えます。

これに対して越前の**朝倉義景**は上洛しませんでした。信長の支配下に入ることを嫌ったからです。信長はさっそく朝倉氏討伐の軍をおこしました。京都から北上し、朝倉方の**金崎城**《かねがさき》を開城させると、いよいよ木ノ芽峠《きのめ》をこえて越前国に入ります。

ところがここで思わぬ報告をうけました。「浅井長政殿が朝倉氏側に寝返り、織田軍を討つ兵をおこしました！」というものです。信長は最初「そんなはずがあるか！妹を嫁がせて北近江を支配させてやってるんだぞ」と信じません。しかし方々から同じような報告が届くと、やむをえず撤退を決断しました。このままでは朝倉軍と浅井軍に挟み討ちされてしまうからです。

浅井長政が寝返った理由ははっきりしません。浅井氏は古くから朝倉氏と深いつながりがあったため、昔からのつきあいを重視したのでしょうか。

さて、問題は撤退戦です。追いかける側は正面に敵がいるので弓や槍で攻撃しやすいですが、逃げる側は後ろからの攻撃をかわしながら走らなければなりません。これは非常に困難です。背中に目はありませんからね。

この織田軍の撤退戦は「**金ケ崎の退き口**《のぐち》」とよばれます。ここで金崎城にのこって織田軍の殿《しんがり》、つまり最後尾をつとめたのは**豊臣秀吉**でした。ほかにも**徳川家康**や**明智**

●金ヶ崎の退き口と姉川の戦い

光秀もいて、今から見れば相当な役者がそろっていたわけです。信長が京都にたどりついたときは、供の兵はわずか10騎だったともいわれます。

秀吉はみごと信長たちを逃すことに成功し、信長から認められて出世の足がかりをつかみます。

いっぽう信長のピンチはまだ始まったばかりでした。

❖朝倉・浅井の連合軍を破った姉川の戦い

京都にもどった信長は怒りにうち震えていたにちがいありません。浅井長政が敵に回ったことで信長に反抗する者があらわれ、南近江や京都などが危険になってしまったのです。京都から岐阜城へ帰るにも琵琶湖東岸から関ヶ原を抜ける最短ルートは使えません。浅井軍に襲われるからです。そこで、南近江から鈴鹿山脈をこえて伊勢国に抜ける南回りのルートを取りました。

ところが信長は、山中で2発の銃弾を受けてしまいます。かすり傷ですみましたが、信長を待ち受けて暗殺をはかった者がいたのです。撃ったのは杉谷善住坊《すぎたにぜんじゅうぼう》という射撃の名手で、甲賀《こうが》忍者の一人だったとも言われています。依頼主は信長に南近江を追われた六角氏でした。

岐阜城にもどった信長は1カ月後、浅井氏を討つための軍をおこしました。浅井長政は山城の**小谷《おだに》城**（滋賀県長浜市）を居城としており、信長と同じくおもに山上で生活していました。織田軍はその目と鼻の先にある虎御前山《とらごぜやま》に布陣します。そこに**徳川家康**がかけつけ、浅井方には越前から**朝倉軍**が救援にかけつけました。

近江国の半分しか支配していない浅井氏は、兵力の乏しい小大名です。それゆえ朝倉氏の援軍が帰ってしまわないうちに戦う必要がありました。そこで浅井軍は城から出て、姉川《あねがわ》の北岸に朝倉軍と並んで布陣しました。そして南岸に布陣する織田・徳川軍と正面衝突の野戦をおこなったのです。

この**姉川の戦い**は両軍ともかなりの死傷者を出して織田方の勝利に終わりました。しかし、桶狭間の戦いのときのように敵方の大将を討ち取れたわけではありません。小谷城に近い横山城に豊臣秀吉をおいて、織田・徳川軍は引きあげました。これから3年間、浅井・朝倉軍と信長は戦いつづけることになります。

❖宗教権威をものともしない信長のトップ意識

信長に反発したのは戦国大名だけではありませんでした。石山本願寺や延暦寺《えんりやくじ》といった宗教勢力も反信長勢力についたのです。なぜこんなに信長に刃向かう者がいるのかというと、将軍**足利義昭**が「信長を討て！」と各方面に手紙を送っていたからでした。そうした勝手な行為は禁止されていましたが、将軍といっても飾りにすぎない自分の立場に義昭はがまんならなかったのでしょう。

さて、このころも一向一揆の勢力はさかんで、**越前**や**加賀**、伊勢国の**長島**などに**一向一揆**があり、そのボスが大坂にある**石山本願寺**の**顕如**《けんにょ》でした。信長は1570年から10年ものあいだ、断続的に石山本願寺と戦いつづけることになります。

いっぽう滋賀県の**比叡山**《ひえいざん》**延暦寺**も朝倉軍をかくまうなど、信長に対抗しました。延暦寺は、もともと平安初期に最澄《さいちょう》が開いた天台宗の総本山です。それがこのころには膨大な荘園に僧兵とよばれる武装集団まで持って、宗教権威のトップに君臨していました。

信長には朝廷や幕府や寺社の立場を保障してやっているという自負がありました。それゆえ自分に逆らう延暦寺を許せませんでした。「俗世間から離れた寺院として中立するならいざ知らず、朝倉・浅井方に味方するとは何事か！」と怒り、「オレに味方すれば所領をもどしてやるが、抵抗するなら比叡山の堂舎を焼き払うぞ！」と脅しました。それでも延暦寺は従わず、信長は１５７１年にこれを焼き討ちしました。

このことから「信長は古い仏教勢力を破壊した革命児だ」と説明されがちですが、そこは少し注意が必要です。信長は仏教勢力すべてを否定していないからです。ほとんどの寺社には所領の支配を認めたし、それどころか所領の寄進までしています。自分の下に服属しないものを許さなかっただけです。そこには強烈なトップ意識がかいま見えす。ちょっと怖くはなりますが。

延暦寺焼き討ちはこれまで崇《あが》められていた宗教権威を否定した結果となりました。このため信長は、みずからを神格化するような道をさぐり始めます。

❖信玄におびき出された家康が敗れた三方ヶ原の戦い

信長が延暦寺を焼き討ちした1571年、**毛利元就・島津貴久・北条氏康**といった有力戦国大名があいついで亡くなりました。

北条氏康から子の氏政への遺言は、「武田信玄と同盟を結べ」だったと言われています。代替わりの際の隙を突く攻撃は、戦国時代の定番でした。このため氏康は信玄からの攻撃を恐れ、むしろ同盟をもちかけろと言いのこしました。

これは逆に信玄にとってラッキーな提案でした。北条との同盟が結べれば、織田との同盟を破棄して信長に戦いを挑めます。信玄は、足利義昭が画策した**信長包囲網**に加わりたいと思っていました。こうして**武田信玄最後の戦い**が始まるのです。

1572年、信玄は**浅井長政**と**朝倉義景**に「協力しあって信長を討とう!」と手紙を送り、ついに出兵しました。諏訪から伊那谷《いなだに》を通って南下し、家康が治める遠江国に入ります。二俣城《ふたまた》(静岡県浜松市)を2カ月ほどかかって落とすと、次の攻略ポイントである**徳川家康**の居城・**浜松城**(静岡県浜松市)に向かいました。

ところが信玄は浜松城をスルーしました。これは危険な行動です。城内の兵が討って出てきたら背後から攻撃されかねません。それゆえ一つ一つ城を落としていくのがセオリーなのに、信玄はあえてセオリーを破りました。

しかしチャンス到来に見えた徳川軍にも弱点があります。兵数が少ないのです。このため家臣たちは「討って出たら危険です！」と諌《いさ》めました。しかし家康は「こんな近くを敵兵が通過するのを黙って見すごせるか！　武門の恥である！」と言って聞きません。城から飛び出してしまいました。のちの慎重な家康からは想像できない無謀さです。しかも「若さ故の過《あやま》ち」かと思いきや、すでに家康は31歳。じゅうぶんオトナです。

はたしてこれは信玄のワナでした。籠城戦になればまた日数をくってしまいます。家康を城から引きずり出せれば、野戦に持ちこんで早々にケリがつきます。リスクを承知の上で信玄はこの作戦に賭けました。家康はその策にまんまとハマり、徳川軍は三方ヶ原で待ちうけていた武田軍に惨敗しました。これを**三方ヶ原《みかたがはら》の戦い**といいます。

家康は命からがら浜松城に逃げ帰りますが、影武者に身代わりになってもらったとか、ビビりすぎて脱糞《だっぷん》した（！）などの逸話がまことしやかに語られています。例によって信憑性《しんぴょうせい》は低いのですが、ひとつ興味を引く話があります。

家康がこの敗戦を忘れないように、戒めとして自分を描かせたというのです。その肖像画が名古屋市の徳川美術館にのこっています。絵の中の家康は、足を組んでほおづえをつき、眉間《みけん》にしわを寄せて悔しそうな表情です。

❖信長包囲網を突きくずしてピンチを脱出！

三方ヶ原の戦いでの信玄の勝利は各方面に伝えられ、反信長陣営は喜びに沸きました。ところがこの時すでに、小谷城の救援に来ていた**朝倉義景**は越前に軍をもどしてしまっていました。12月に入ったので雪で行軍できなくなるのを恐れたからです。なんてこと！　まったく連携が取れていません。信玄は相当残念がったはずです。

実は今回、信玄は病躯《びょうく》をおして出てきていました。年が明けて1573年になると病状は悪化しました。そこで三河にまで攻め入ったところで転進し、北回りで引き揚げることにしました。どうりで浜松城攻めに日数をかけられなかったわけです。しかも浜松城へ逃げた家康を仕留めることもしませんでした。

信玄は信濃に入ると陣中で亡くなりました。「3年間は死を秘せ」と命じたと言われますが、たぶんまもなく伝わったでしょう。御年53歳、無念の死です。

そのころ信長と将軍**足利義昭**の関係は崩壊寸前になっていました。反信長陣営にいろいろと義昭が命令を出していることを信長が知らないわけがありません。それでも信長は世間の評判を気にして、しかたなく義昭を見逃していただけなのです。にもかかわらず義昭は、「もう信長には従わない！」とはっきり宣言しました。まるで空気の読めない人ですね。

信長は義昭を京都から追放しました。義昭は中国地方の毛利氏を頼って逃げていき、ここに事実上**室町幕府は滅亡**しました。1573年のことです。

そうするとのこるは浅井氏と朝倉氏です。同年8月、ふたたび浅井氏救援に出てきた**朝倉義景**を信長は攻めました。朝倉軍が越前に逃げるとすかさず追いかけます。いっきに**一乗谷**《いちじょうだに》まで攻めこみました。朝倉義景は一乗谷に火を放って逃げたものの一門に背かれ、最後は観念して自害し、朝倉氏百年の歴史はここに終わりました。

すぐさま信長はとって返して**小谷城**を落とします。**浅井長政**とその父はさらし首にされ、浅井家に嫁いでいた信長の妹の**お市**《いち》は、三人の娘とともに救出されました。お市はやがて織田家重臣筆頭の**柴田勝家**と再婚し、三人の娘たちはそれぞれ数奇な運命をたどることになります。

こうして信長包囲網は消滅しました。信長は相当うれしかったのでしょう。翌年の元旦、朝倉義景と浅井長政とその父の三つの首に漆《うるし》と金泥《きんでい》を塗って飾り、酒宴をおこなっています。

❖長期戦となった一向一揆との戦い

信長の残虐ぶりを示すできごとには、**伊勢長島の一向一揆**との戦いがあります。長島は木曽三川《きそさんせん》の河口にあるいくつもの島々で、信長が生まれた勝幡《しょばた》城からは直線距離でわずか10㎞ほどの場所でした。そんな近場に抵抗勢力があったのです。石山本願寺との戦いが始まった1570年から織田方との戦いが4年間つづいており、その間には信長の弟が自害に追いこまれました。

一揆軍の強さの理由は死を怖れない信仰心です。このため織田軍は8万ともいわれる大軍で総攻撃をおこないました。そして中にのこっていた者だけでなく降伏してきた者までも、みな虐殺しました。その数は2万人におよんだといいます。

こうした信長の仏教否定の姿勢は宣教師**ルイス＝フロイス**の書に見えますが、宣教師ならではのバイアスがかかっていると考えるべきでしょう。フロイスはイエズス会への報告書に書いているわけですから、信長を実際より親キリスト教的、反仏教的な人物として描くのが当然です。

実際、信長はどの一向一揆でも信者を殺しまくったわけではありません。わかりやすい例が10年におよぶ**石山合戦**です。その結末は和睦《わぼく》で終わるのです。すでに劣勢にあった**石山本願寺**を全滅させなかったのは、これ以上の犠牲を払いたくなかったからでしょう。淀川などが大坂湾に流れこむ水郷地帯の石山は、長島に似て非常に攻めにくい場所でした。ボスの**顕如**は石山本願寺を出て紀伊に移り、10年以上生きつづけることになります。

信長が残酷な仕打ちをおこなったのは、「延暦寺や長島一向一揆のように言うことをきかないと酷い目に遭うぞ！」とアピールしたかったからでしょう。さらには「彼らのような者どもには人びとを保護する能力などない！　領主として失格だ！」とも言いたかったのだと思われます。

足軽鉄砲隊で武田の騎馬隊を破った長篠の戦い

武田軍はふたたび徳川家康を攻め立てます。しかし、その救援に赴いた織田軍は三千挺もの鉄砲を装備していました。その威力で強豪武田軍を破った長篠《ながしの》の戦いは、これまでの戦法を塗り替えた戦いとして歴史に名をのこしています。

❖信玄のあとを継いだ武田勝頼のコンプレックス

信玄亡き後は28歳の**武田勝頼《かつより》**があとを継ぎました。勝頼は信玄が滅ぼした諏訪《すわ》氏の血を引く人物でした。というのは、信玄が諏訪氏の娘を側室に取って産ませた子が勝頼だからです。勝頼にとってはオヤジこそ母方一族の仇《かたき》だったのです。

だからといって勝頼は武田家を潰《つぶ》そうとしたわけではありません。むしろ偉大な父親にコンプレックスを抱き、自分も強くあろうとしたようです。生前の信玄も、戦場で勝頼が城に突撃していくのを見て「無鉄砲だ」と書きのこしています。勝頼は家臣たちにも勇ましい言動を求めたこともあって、父の代からの重臣たちとも摩擦がおきがちでした。

信玄が亡くなって1年も経たないうちに、早くも勝頼は織田領の美濃国に侵攻しました。さらに家康領の遠江《とおとうみ》国にも侵攻し、**高天神《たかてんじん》城**（静岡県掛川市）を落としました。ここは海にも近く、以後武田軍にとって遠江国最大の要衝となる城です。そして翌1575年には大軍をひきいて三河国に侵攻し、家康方の**長篠城**（愛知県新城市）を包囲しました。

長篠城は二つの川がY字に合流する場所に▽の形に築かれた城です。二本の川がつくる急峻な崖のおかげで、三角形の二辺が天然の要害となっており、のこる一辺を防備するだけですむ形となっています。

家康が信長に救援を頼むと、信長はそれにこたえて大軍の派遣を決定しました。これについて一つ有名な逸話があります。この決定を城内に伝えようとした徳川方の**鳥《とり》居強右衛門《いすねえもん》**が、城外で武田軍につかまってしまいました。武田軍は強右衛門に「援軍は来ない！」と、城内に向かって叫ばせようとします。城内の兵をがっかりさせて、降伏を誘おうとの腹です。しかし鳥居強右衛門は、磔《はりつけ》にされながらも「援軍が来る！」と叫んだというのです。

しかし、これは確かな史料にもとづくものではなく、むしろ戦前の「お国のために自己を犠牲にする」ことをよしとする風潮のなかで、歴史上の美談として脚色された可能性があるといわれています。逆の場合を考えてみればわかります。もし磔状態の強右衛門が「援軍こないよー」って叫んだら、それを見た城兵はどう思うでしょう。それを鵜呑《うの》みにするはずがありません。強右衛門は磔にされているのですから「あー脅されてウソ言わされちゃってるな」って考えるほうが自然です。

❖三千挺の鉄砲が火をふいた

武田勝頼は長篠城を牽制するための兵を一部のこし、織田・徳川連合軍との決戦に向けて約３㎞西の設楽原《したらがはら》に移動しました。狭い谷を南北に流れる連吾川《れんごがわ》を挟んで、東の丘に武田軍、西の丘に**織田・徳川連合軍**が布陣したのです。

信長は敵の**騎馬隊**をふせぐための**馬防柵**《ばぼうさく》と、三千挺《ちょう》の鉄砲を持つ**足軽鉄砲隊**を配置しました。馬防柵は現場で木材を切り出すのではなく、すぐに組み立てられるようあらかじめ準備しておいたものを運びこみました。用意周到ですね。

当時の鉄砲は弾丸を込めるのに時間がかかるため、かつては三列に並んだ鉄砲隊が、交互に前に出て「三段撃ち」をしたという説が唱えられていました。しかしそれだと、一番作業の遅い射撃手に合わせて撃つことになります。何も無理に一斉射撃をする必要はありません。実際にどういう配置だったかはともかく、弾丸を装填《そうてん》したそばから次々に撃ったはずです。

そこに突撃してきたのが武田軍です。騎馬武者も徒歩の兵も、三千挺の鉄砲の前にあえなく倒れていきました。「なぜそんな無茶をするんだろう?」って思いませんか? 武田軍が鉄砲を知らなかったわけではないのです。鉄砲から身を守る楯として、何本もの竹筒を円柱状に束ねた防具だって持っていました。ただし足場が悪く、現場では使えませんでしたが。

ここに関係してくるのが勝頼のコンプレックスです。強く勇ましくありたいという意識のせいで「退く」という選択肢を否定してしまったのです。家臣たちのなかには「無謀だ!」と思った者もいたでしょうが、止めることはできませんでした。

こういうときは臆病者が逃げ腰なのに対し、勇ましい者、強い者から突撃していきます。みずから死地に突き進んだわけです。その結果、**信玄時代からの武勇にすぐれた家臣たちが大勢亡くなりました。**勝頼は軍を引き揚げました。

❖信長の戦闘能力が高かったワケ

この**長篠の戦い**は、種子島に鉄砲が伝わってからすでに30年以上経ったときのことですが、この時点で**三千挺もの鉄砲を保有していたのは信長だけ**でした。そこには信長だけが持っていた好条件が関係しています。

当時鉄砲の産地となっていたのは**堺**（大阪府堺市）・**根来**《ねごろ》（和歌山県岩出市）・**国友**《くにとも》（滋賀県長浜市）などでした。信長はこのうち、上洛後の１５６９年に堺を掌握し、浅井氏を滅ぼしてからは国友も支配下におさめました。

また鉄砲の**火縄**《ひなわ》の繊維は火が消えにくい**木綿**でなければなりませんが、当時木綿はまだ朝鮮からの輸入が中心で、国内では**三河**で栽培されていた程度です。その三河は都合のいいことに家康の領地でした。

弾丸と火薬は、射撃訓練の分まで含めるとばく大な量が必要でした。火薬の原料である**硝石**《しょうせき》は国内では入手しづらく、輸入に頼るのが基本でした。そのためには貿易港と支払代金としての**銀**が必要です。その点では南蛮船がよく来港する九州や石見銀山をもつ中国地方の大名が有利です。しかし、信長が直轄支配する堺の豪商たちも九州まで出向いて南蛮船と貿易していたし、信長には十分な財力もありました。

そして戦場では弾丸を装填中の無防備な鉄砲隊を守るため、馬防柵と長槍隊が必要でした。織田軍に優秀な長槍隊があったことはすでに述べました（P．148）。

ここで他の戦国大名とくらべて考えてみたいことがあります。多くの戦国大名は、出兵すると何カ月も陣中ですごすことが多いのですが、**信長が直接指揮をとった戦いは、ほとんどが短期間でケリがついています**。日数のかかる城攻めの場合は、家臣たちに城の包囲をまかせて自分は別の任務に出かけてしまいます。そして肝心な場面になると現れるのです。上洛してからの信長は、天下人としての立場もあって戦ってばかりいられないのか、実にムダのない動きをしていました。

そして北条氏などが家臣の意見を尊重していたのに対し、信長は家臣に相談などせず、独断で即断即決するのを好んでいたようです。しかも行動は迅速です。桶狭間の戦いのときの出撃の様子にすべてがあらわれています（P.152）。

　1573年の越前に逃げ帰る朝倉軍を追撃したときも、家臣たちを差し置いて、みずから手近な供の者たちをひきいて出撃しました。あわてて追いかけてきた家臣たちに向かって「遅い！」と叱ってもいます。このとき口答えした家臣はのちに追放されました。

　さらにもう一つ、石山本願寺との戦いでは、あるとき味方の兵を助けるためにわずかな兵で出撃したことがあります。そのときは数千挺の鉄砲玉が飛び交う中、信長は足軽にまじって駆け回り、足に玉傷を負いながらも敵兵を倒しまくったといいます。

　指揮官みずからが戦場で駆け回るって、どこの戦闘アニメですか。さぞや戦場の足軽たちはアツく燃えたでしょうね。

安土城をつくる！

織田家の支配がようやく安定してきた１５７６年、信長は家督を嫡子の信忠《のぶただ》にゆずりました。そして信忠に岐阜城をまかせて、自分は琵琶湖東岸に安土《あづち》城をつくります。そこには今までにない高層の天守閣が築かれました。

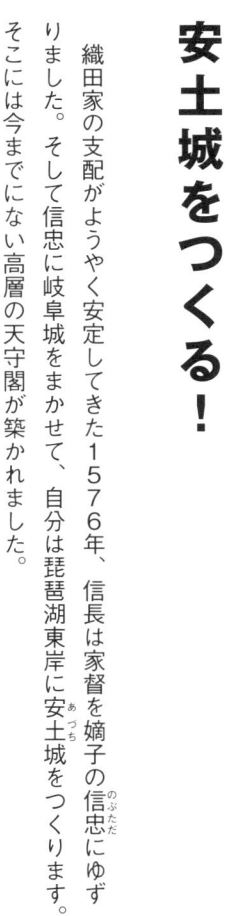

❖信長が選んだ新たな拠点は、安土

これまで信長は、織田家の拠点である**岐阜城**と「天下」の中心である京都を頻繁《ひんぱん》に行き来していました。しかし、最速の移動手段である馬で駆けたとしても、途中で１泊しなければなりません。そこでもっと京都に近い場所が選ばれたわけです。「職住接近」ですね。「いっそのこと京都に住めばいいのに」とも思いますが、守りに適した地形でないうえに、朝廷勢力に取りこまれてしまうのが嫌だったのでしょう。

当時の**安土**は琵琶湖に面していて対岸に船で行きやすいうえに、のちの**中山道**《なかせんどう》が通っていて陸上交通の便も良い場所でした。城郭が築かれた安土山は岐阜城の三分の一ほどの低さで、山頂には五層の天守閣が築かれました。現在は石垣がのこるのみですが、てっぺんまで道が整備されており、途中には家臣が住んでいた曲輪《くるわ》などもあります。「こんな大きな石を山上まで運んだのか⁉」と驚くはずです。

おもしろいのは、**信長の住む天守閣の下に天皇を招き入れるための曲輪**があることです。天皇が天守閣を首を反《そ》らして仰ぎ見ると、欄干《らんかん》から顔を出す信長が見えるという演出ができたはずです。それを見て天皇は信長に恐怖する……というのは大げさでしょうか。その機会は来ないまま城は失われてしまいます。

❖家臣にも命じた引っ越し

それにしても信長ほど居城をかえた戦国大名はいません。たとえば北条氏は何代にもわたって**小田原城**を居城としました。支配領域が最大になった段階で小田原を見ると、かなり南西に偏った位置になってしまっています。最北の沼田までは直線距離でも150㎞近くもあります。のちに北条領を受けつぐ家康は**江戸城**（今の皇居）を選びます。こちらは利根川や多摩川の河口で大いに水運を利用できました。

水上輸送の要である港を重視せず、そこから離れた山城に居つづけてしまった戦国大名も多いです。たとえば春日山城の上杉氏とか郡山城の毛利氏です。毛利氏が瀬戸内海に近い平地の**広島城**に移るのは、秀吉の大坂城を見てからのことになります。戦国大名の勝利のカギが経済力であることを見抜けなかったのでしょう。

腰が軽く引っ越しをくり返した信長は、家臣たちにも引っ越しを命じました。朝倉氏と浅井氏を滅ぼした後、越前国を**柴田勝家**に、北近江の旧浅井領を**豊臣秀吉**に委ねました。柴田勝家は越前の**北庄《きたのしょう》城**に入り、秀吉は**長浜《ながはま》城**に入ります。こうして支配領域が広がるにつれ、**信長の重臣たちは何の縁もゆかりもない土地に配属されていく**のです。それは信長の一声で決まることでした。

信長の身辺を守る兵たちも同じです。彼らが単身で安土に来ていることを知った信長は、「尾張から妻と子どもを連れて来い！」と怒りました。なんと尾張にあった彼らの家を焼き払うことまでして、移住を強制したのです。

❖商業分野からうまくお金を得ていた信長

商業分野からの利益が大きかったことは、足利義昭とともに上洛した信長が畿内各地に要求した**矢銭**《やせん》（軍資金）の金額からもわかります。なかでも**堺**に求めた金額は2万貫というばく大なものでした。

堺は日明貿易の拠点として栄えた港町で、この時代には「**会合衆**《えごうしゅう》」と呼ばれた豪商らによる自治都市となっていました。宣教師ガスパル＝ヴィレラはこの町を「ベニスのようだ」と記しています。南蛮貿易や鉄砲生産で利益を上げる会合衆の財力は相当なもので、町の周囲に濠をめぐらし、警備のための傭兵《ようへい》を抱えているほどでした。

その経済力に目をつけた信長は、現在の価値で20億円もの金額を要求したのです。堺はいったん抵抗したものの結局うけいれました。以後、**堺は信長の直轄地**となり、会合衆は経済的特権を保証されるかわりに税を納めることになりました。

信長がこうした商業分野に長けていたのは、若いころ津島や熱田といった町をうろついていたことが関係していると思われます。都市が成長していくさまを間近で見ながら商人の欲するものを体感したおかげで、彼らをどう保護してやれば税を得やすいかを身につけたのでしょう。

「都市の成長なんてこの時代にかぎらないのでは？」と思うでしょうか。応仁の乱以前は、**大きな都市といえば京都と鎌倉くらいのもの**でした。それが京都は応仁の乱で焼け野原となり、鎌倉は享徳の乱で鎌倉公方がいなくなったためともに衰えてしまったのです。荘園年貢も京都へ送ることが減り、モノは地方の町で売買されることが多くなりました。秩父地方の**六斎市**を思いおこしますね（P.114）。しかしもっと大きな町が各地に生まれました。それは戦国大名たちの**城下町**にとどまりません。伊勢神宮の**宇治山田**《うじやまだ》や善光寺《ぜんこうじ》の**長野**といった**門前町**や、周囲を濠で囲んでつくった一向宗寺院の**寺内町**《じないまち》もありました。京都の**山科**《やましな》や摂津の**石山**はその典型です。

❖楽市・楽座はまるで経済特区

戦国大名の中には、町の振興策として**楽市**《らくいち》・**楽座**《らくざ》政策をとる者がいました（P.120）。信長が出した**楽市令**では岐阜城下と安土城下で出したものが有名です。どちらも数カ条からなる法令で、岐阜城下では「無税にするからここに住まないか？」と立て札に書いて呼びかけています。まるで現代の経済特区ですね。そのおかげで岐阜には諸国から商人が集まるようになり、人口も1万人近くにまで増えました。

いっぽう、すでに人が多く住んでいた安土ではそこまで大判《おおばん》振《ぶ》る舞《ま》いはせず、普請役や伝馬役などの住民の負担を免除しました。興味深いのは「近江国で徳政令が出されても、安土では徳政を適用しない」としていることです。これなら金融業者は借金帳消しの不安にさいなまれることなくお金を貸せます。それは人びとが融資をうけやすいということでもあります。他にも「馬の売買は安土以外でおこなってはいけない」とか、「街道を行き来する商人は、必ずここで一泊しなければならない」といった規定もあります。

基本的に町の商人たちは、町で紛争がおこるのを嫌いました。**紛争がおきたらまず町が自力で解決しますが、手に負えない場合には戦国大名の力に期待**しました。そこに町の側が戦国大名の支配を受けいれる理由があったのです。

楽市とは町の「楽」、つまり平和を保障する政策でもありました。

明智光秀が反逆した本能寺の変

破竹《はちく》の勢いで勢力範囲を拡大させ、あとは地方を平定するのみとなった信長でしたが、その強引なやり方があだとなりました。反逆した家臣に殺されてしまいます。

❖謙信亡き後の家督争いは武田と北条の対立に

朝倉氏が滅亡した後の越前国を、一向一揆勢が隙《すき》をついて奪いました。織田軍はこれを1575年にようやく鎮圧し、以後は織田家重臣の**柴田勝家**が北陸地方をまかされました。勝家は**加賀の一向一揆**と戦ういっぽうで越後の**上杉謙信**からの攻撃をうけ、1577年に加賀国でおこった手取川《てどりがわ》の戦いでは敗退しました。

しかし織田軍を破るほどの上杉謙信でも病には勝てません。翌年、急死しました。まだ49歳でした。

この時代にはよくあることですが謙信は女性より男性を好んでいたようで、生涯独身を貫きました。このため実子はおらず、養子を二人とっていました。二人が家督をめぐって「**御館《おたて》の乱**」をおこすと、北条氏と武田氏が介入してきました。

養子の一人は**北条氏康**の子（のちの**景虎《かげとら》**）でした。北条・上杉間に同盟が結ばれたとき（P．156）に養子となり、兄の北条氏政が支援しました。もう一人の養子は謙信の甥《おい》・景勝《かげかつ》です。武田勝頼は北条氏と同盟を結んでいた（P．172）にもかかわらず、この景勝を支援しました。この裏切り行為に怒った氏政は同盟を破棄しました。

内紛は景勝の勝利で終わり、景虎は滅ぼされました。これ以後、**北条氏は武田勝頼とも上杉景勝とも敵対関係**になります。逆に武田氏と上杉氏は手を結びました。景勝の味方についた武田勝頼は、見返りに上杉氏から北信濃をゆずりうけ、関東にも進出していきました。長篠の戦いで大きなダメージをうけた勝頼でしたが、意外にしぶとくねばりつづけていたのです。

いっぽう武田軍との戦いを強いられた北条氏は、武田氏の向こうにいる織田信長や徳川家康とは良い関係を保とうとしました。

織田家と武田家でおこったあいつぐ謀叛

長浜城を居城とした**豊臣秀吉**は、信長から中国方面の攻略をまかされました。最大の敵は毛利氏です。このとき元就はすでになく、孫の**輝元**《てるもと》が家督をついでいました。**毛利氏は織田軍が包囲する石山本願寺を助けるなどして信長と敵対**しました。

秀吉は姫路《ひめじ》城を拠点に播磨《はりま》国（今の兵庫県の西部）の攻略を進めますが、背後で織田家の家臣があいついで謀叛《むほん》をおこしたため前後に敵を抱えることになりました。いくら支配領域が広がっても、内側で反乱がおこったら元も子もありません。この謀叛の鎮圧にはなんと2年もかかってしまいます。信長はふたたびピンチに陥りました。

秀吉は備前・美作《みまさか》両国（ともに今の岡山県の東部）をおさめる宇喜多直家《うきたなおいえ》に調略をしかけ、毛利方から寝返らせることに成功します。ついで謀叛をおこした二つの城を落とし、さらには鳥取城（鳥取県鳥取市）にも手を伸ばしていきました。

これらの秀吉の活躍で力を取りもどした信長は、1580年に**正親町**《おおぎまち》**天皇**の斡旋でようやく**石山本願寺と和睦**しました（P.177）。10年もの長い戦いを終えた信長は、いよいよ武田攻めに取りかかります。まず、武田方に取られていた**高天神城《たかてんじん》**（静岡県掛川市）を兵糧攻めにしました。ところが城兵が餓死していくにもかかわらず、**武田勝頼**はこれを助けることができません。高天神城の落城は、武田軍の中に勝頼に対する不信感を芽生えさせました。

1582年、武田家で謀叛の連鎖が始まりました。まず信濃・美濃国境近くの木曽《きそ》義昌《よしまさ》が織田方へ寝返りました。これをチャンスとみた織田軍は信濃国へ、徳川軍も駿河国に攻め入りました。すると今度は駿河国の穴山信君《あなやまのぶただ》（梅雪《ばいせつ》）が、武田方から徳川方に寝返りました。あわてた武田勝頼は小山田氏を頼りますが、小山田氏にも見放されてしまい、自害に追いこまれました。あまりにもあっけない最期でした。

❖天皇も喜んだ信長のパレード「馬揃え」

武田氏が持っていた広大な領土が手に入ると、信長は家臣たちにそれを分けあたえ、次ページの地図にあるように各方面の攻略・交渉を息子や重臣たちにまかせました。信長があちこちの戦場を駆け回る時代は終わったのです。

さて、ここで**明智光秀**《あけちみつひで》の話をしましょう。生まれは正確にはわかっていませんが、美濃の土岐《とき》氏の流れをくむ明智氏の出といわれています。朝倉氏に身を寄せていた**足利義昭**に仕えていた関係で、信長に従うようになりました。光秀は教養があって公家の作法に通じていたため、信長から京都にかかわる仕事をまかされます。やがて延暦寺焼き討ちの後には大きな領地をあたえられ、比叡山のふもとに**坂本城**（滋賀県大津市）を築かせてもらいました。これは家臣団中はじめての「城主」の誕生でした。光秀は尾張時代の信長の家臣

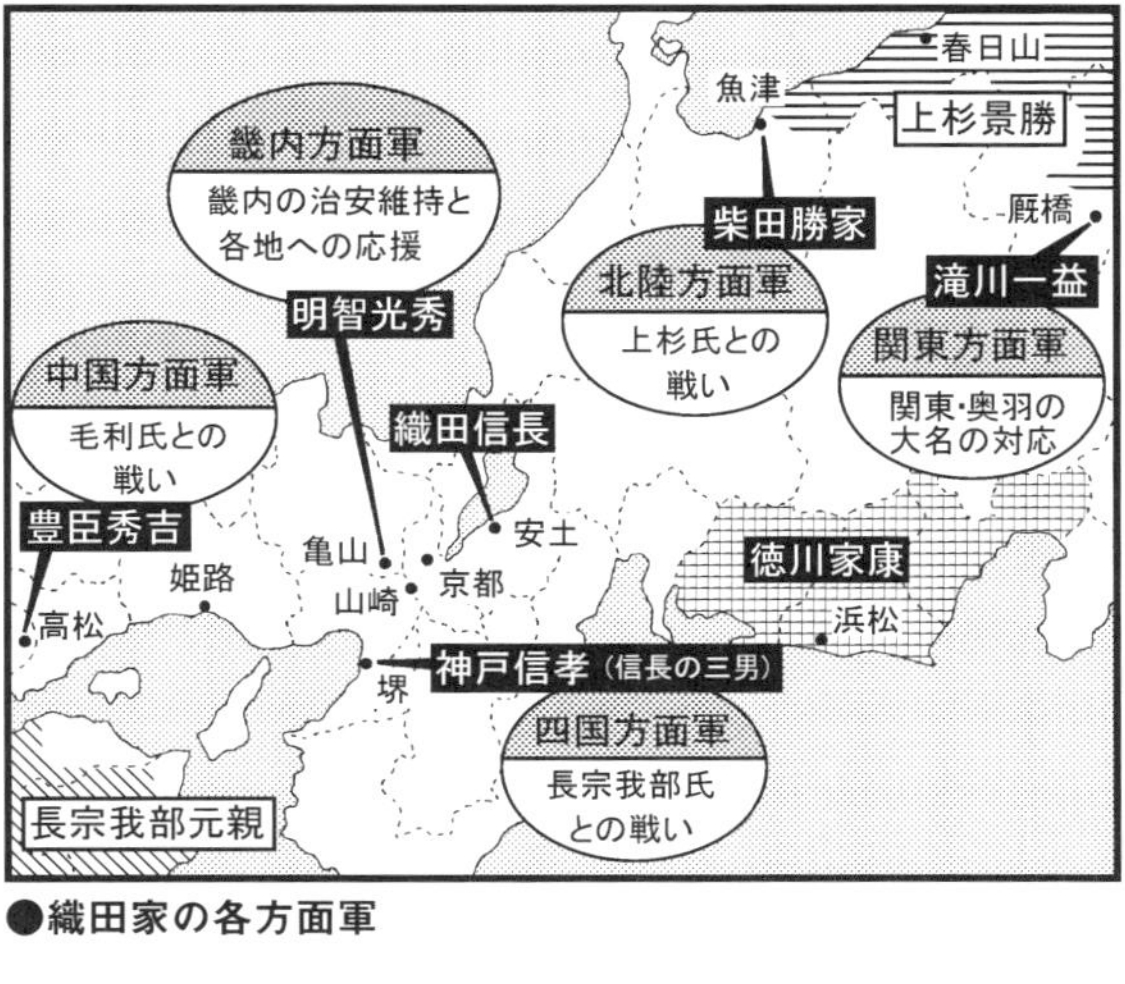

●織田家の各方面軍

たちよりも上に扱われていたのです。

その後、丹波国《たんば》（今の京都府の中部と兵庫県の東北部）の攻略などで活躍し、1581年には京都で催した「**馬揃え**《うまぞろえ》」の奉行をつとめました。「馬揃え」とは家臣たちがめいめい着飾って行進するパレードです。信長は唐冠《とうかんむり》に梅の花を差し、金紗《きんしゃ》の唐織物を身にまとって帝王らしさを演出しました。観覧した正親町天皇をはじめ大勢の人びとは喜び、天皇はアンコールを求めたほどです。

ちなみに派手好きな秀吉はさぞや……と思いきや、中国攻めで持ち場を離れられず、参加できませんでした。大変悔しがって「みんなの出で立ちをくわしく教えて！」と手紙に書いています。

❖明智光秀が謀叛をおこした理由

明智光秀の重臣・斎藤利三《さいとうとしみつ》が土佐の**長宗我部元親**《ちようそかべもとちか》の縁者だった関係から、**信長と長宗我部氏の間は、光秀が仲介役**となって友好関係を築いてきました。ところが四国を平定しつつあった長宗我部氏は、なかなか信長に服属しません。しびれを切らした信長は、1581年に方針を転換し、**三男の信孝と三好氏に四国をまかせる**ことにしました。阿波国（今の徳島県）を根拠地としていた三好氏にとっては、隣国の長宗我部氏は敵です。その三好氏を使うということは、長宗我部氏とは友好を断つことを意味します。となれば明智光秀の立場はどうなるでしょう。信長から「役立たずめ！」と叱られるだけですめばいいのですが、最悪の場合、領地を取り上げられて追放される恐れがあります。これまでも信長に疎《うと》まれて失脚していった家臣は多いのです。

信長は猜疑心《さいぎしん》が強く、まず自分の一族を重視し、次に尾張時代からの家臣を重視しました。このためたとえ信長に取り立てられても将来を安心できず、不安にさいなまれて謀叛をおこす者がいたのです。彼らはわずかなチャンスに賭けました。振り返ると**浅井長政**も、天下人《てんかびと》をめざす信長から自分がどう扱われるのか不安に感じていた一人なのかもしれません。

はたして光秀は謀叛をおこします。その理由はさまざまな説があってはっきりしません。しかし最近、長宗我部元親から明智光秀の家臣斎藤利三に出した書状が公表されました。それによるとやはり前述のとおり、**信長の四国政策の転換**が引き金だった可能性が高いようです。

❖秀吉の高松城水攻めと信長の最期

1582年、秀吉は毛利方に属する**備中高松《びっちゅうたかまつ》城**（岡山県岡山市）を水攻めにしていました。長い堤防をつくって川からひいた水を堰《せ》き止め、城の周囲を水びたしにしたのです。その面積はなんと東京ドーム40個分！ 雨期だったことも好条件でした。軍師・**黒田官兵衛《かんべえ》**（**孝高《よしたか》・如水《じょすい》**）の妙策と言われています。

孤立した城内は兵糧不足に苦しめられます。**毛利輝元**はこれを救援すべく主力部隊をひきいて駆けつけたものの、水上の高松城には入れません。付近に陣をしいて秀吉の軍とにらみあうのみです。じりじりと緊張が高まり、毛利軍の中からは寝返る者も出てきました。いよいよ決戦のときが近づいたのです。信長は家臣たちに出動を命じました。大兵力を投入して、野外で毛利軍をいっきに壊滅させようとの腹でした。

信長の出動命令をうけた**明智光秀**は、5月26日に坂本城を出発しました。最初に向かうは丹波国の亀山《かめやま》城（京都府亀岡市）です。途中、愛宕山《あたごやま》に参詣して戦勝祈願をおこない、そこで連歌会を催しました。このとき光秀が詠んだ歌が実に意味深です。

時は今、あめ《(雨)》が下《くだ》しる、五月哉

「とき」は光秀の本姓である「土岐」を、「あめが下しる」は「あめ＝天」として、天下を掌握するという意味に読めるのです。光秀がおこなった戦勝祈願は毛利氏を討つことではなく、信長を討って天下を取ることだったのかもしれません。もっとも家臣のほとんどは何も知らされていませんでした。

いっぽう信長は安土城を出発し、京都の常宿である**本能寺**に宿泊しました。信長がうかつだったのは、供を20〜30人ほどしか連れていなかったことです。跡取りの**信忠**も京都にいたのですが、宿泊していたのは別の寺でした。

そして6月1日夜、明智光秀は亀山城を出発し、2日早朝に本能寺を取り囲むといっせいに討ち入りました。信長は最初何がおきたのかわからなかったのですが、明智光秀の謀叛だと知ると「是非《ぜひ》に及《およ》ばず」と言って応戦し、炎の迫るなかで自刃しました。49歳でした。

光秀謀反の報を知った信忠は本能寺に向かおうとしましたが、家臣から手遅れだと止められ、二条御所《にじょうごしょ》に入って自害しました。

❖本能寺の変で窮地に立たされた思わぬ人物

このときピンチに陥った人物に**徳川家康**がいます。家康は安土で信長と会った後、堺にまわって観光をしていたのです。それゆえわずかな供しか連れておらず、明智軍に襲われたらまずアウトという状態でした。危険なのはそれだけではありません。家康は討たれた信長サイドの人間ですから敗軍の将ともいえるわけで、落ち武者狩りに遭う危険が高いです。無事に帰れるか、いきなり大ピンチに追いこまれました。

京都方面には光秀がいるため、家康は鈴鹿山中を行く「伊賀越え」ルートをとりました。途中で別ルートをとった家臣は、一揆勢に襲われて命を落としています。まさに危機一髪でした。そういえばかつて信長も鈴鹿山中を越える際に、狙撃されていましたね（P.168）。このとき家康を護衛したのは、伊賀忍者の**服部半蔵**《はっとりはんぞう》だったといわれています。その後、関東・甲信地方は混乱となり織田家家臣は撤退。かわりに徳川氏と北条氏が領地を争奪しました。火事場泥棒とはまさにこのことです。

第7章

農民からのし上がって全国統一した豊臣秀吉

信長の仇をとった秀吉は旧織田家臣団のトップに立とうと戦いを重ねます。それと同時に進めた太閤検地は大軍を動かす効果を生みました。戦いの規模は巨大化していきます。

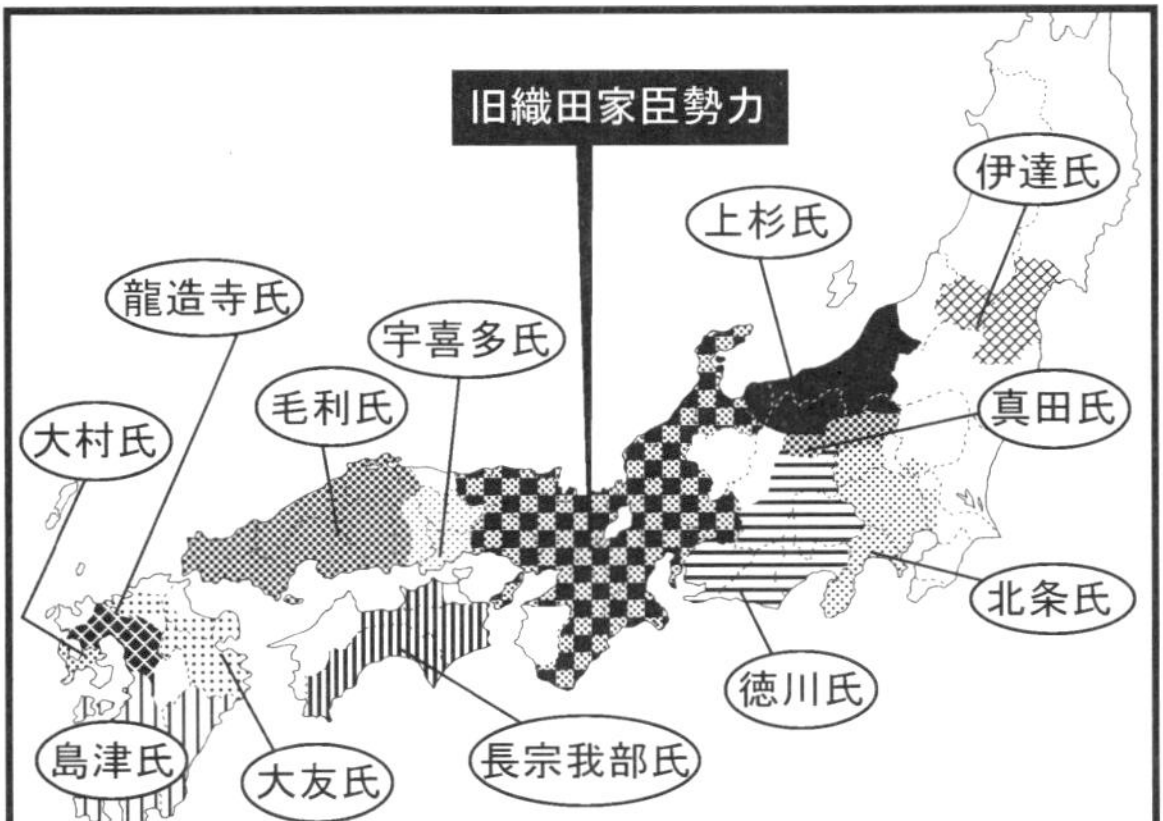

●本能寺の変後の戦国大名と領国

主君の敵を討ってポスト信長の座に

「明智光秀謀叛！」の報をうけて、信長の仇をとったのは豊臣秀吉でした。しかし、それだけで信長の後継者になれるわけではありません。信長の家臣団には秀吉の先輩にあたる重臣たちがいるからです。なかでも柴田勝家とは激しく対立しました。

❖明智光秀を討って信長の仇をとった山崎の戦い

本能寺の変を報告をうけた秀吉は、一転して毛利方との講和を急ぎました。信長の死が毛利方に知れたら弱みにつけこまれて立場が悪くなります。秀吉は6月4日早々に交渉をまとめ、備中高松城主の清水宗治《しみずむねはる》の切腹と城の明け渡しを条件に、兵を引くこととしました。清水宗治は同日、湖上の小舟の上で果てました。

これを見届けた秀吉は水攻めの堤を壊し、6日午後には陣を引きはらいます。「一刻も早く京へ！」と、「**中国大返し**《おおがえ》」――いわば大マラソン大会がはじまりました。

秀吉としては、誰かに先を越されないうちに明智光秀を討ちたい一心です。それが「信長ロス」後の有利なポジション獲得の必須条件となるからです。アイデアマンで迅速さが取り柄《え》の秀吉にとって、人生最大の腕の見せどころとなりました。

備中高松城から京都までは約１８０㎞の距離です。途中、姫路城で休養日をとり「もうこの城にもどることはない！」と言って、兵たちに蔵の中の金を大判振る舞いで配りました。当然みんなやる気倍増です。これで長距離を実質５日で走破し、翌日の戦いに挑みました。

明智光秀は驚きます。「重臣たちが地方に釘《くぎ》づけになっている今こそチャンス」と謀叛をおこしたのに、もう秀吉が帰ってきてしまいました。光秀は大坂から京都への入口である山崎で迎え討つことにしました。ここは淀川の両脇を**天王山**《てんのうざん》と男山《おとこやま》がはさむ幅１・５㎞ほどのくびれた場所で、敵を足止めしやすいからです。

攻める秀吉軍は天王山に登って回りこもうとします。このため天王山を制することがカギとなりましたが、信長の家臣に秀吉に味方する者はいても光秀に味方する者はいません。数にまさる秀吉軍が制しました。この戦いを**山崎の戦い**といいます。

用意周到な秀吉は、光秀が落ちのびそうな地域の村々に「落ち武者狩り」を許しておきました。光秀はまさにその落ち武者狩りに遭って命を落とし、いわゆる「三日天下」が終わりました。でも「3日」は貶《おとし》めすぎですね。もう数日ありました。「ほんとは12日間だってば！」と、あの世で光秀は叫んでいるはずです。

❖信長の後継者を選んだ清洲会議

信長とその嫡男が亡くなったため、織田家の跡取りをどうするかが問題になりました。そこで織田家重臣の**柴田勝家**・**丹羽長秀**《にわながひで》・**池田恒興**《いけだつねおき》・**豊臣秀吉**らが、**清洲城**（愛知県清須市）に集まり、今後について話し合いました。これを**清洲会議**といいます。

信長の子には嫡男の信忠のほかに、**信雄**（二男）・**信孝**（三男）らがいましたが、それぞれ北畠家・神戸家の養子に入っていて織田家をつぐ者とはみなされていませんでした。柴田勝家は信孝を推しますが、光秀を討った秀吉は会議の主導権をにぎり信忠の子の**三法師**《さんほうし》（3歳）を擁立しました。領地については柴田勝家の要求を聞き入れ、秀吉は自分の領地長浜を勝家にゆずり、かわりに山城国などを得ました。

三法師は安土城に入ることになりましたが、本能寺の変後の混乱で城が焼け落ちたため修復が終わるまでは住めません。幼かったこともあって、結局、美濃国を得た岐阜城の信孝（三男）のもとに預けられました。いっぽう信雄（二男）は尾張国をあたえられて清洲城に入りました。そして以降の政治は秀吉らの重臣が交代でおこなうことになったのです。

秀吉は山城国をおさえていたことから京都大徳寺《だいとくじ》での信長の葬儀を取り仕切り、信長の後継者であることをアピールしました。**信孝が自分を推す柴田勝家につくと、対抗して信雄は秀吉につきました。**やがて両者は戦いに至ります。

❖柴田勝家を破った賤ヶ岳の戦い

1582年12月、越前の柴田勝家が雪で動けない隙をついて、秀吉は勝家の子が守る長浜城を落とします。ついで岐阜城を攻め、三法師を抱える信孝を従わせました。

柴田勝家		豊臣秀吉
三法師(信長の孫) 織田信孝(三男)	VS	織田信雄(二男) 丹羽長秀 池田恒興

●清洲会議後の対立

翌年、雪解けを待ちわびていた柴田勝家が北近江に出陣すると、秀吉軍も出陣しました。　各隊は**琵琶湖北岸の山々に布陣し、山岳戦の様相**を見せます。　身動きの取りにくい山中で、両軍はにらみ合いとなりました。

これをチャンスと見た岐阜城の信孝は、ふたたび秀吉に反旗を翻しました。　秀吉は**賤ケ岳（しずがたけ）付近**に一部の軍勢を残したまま、信孝をおさえるべく大垣城（岐阜県大垣市）に向かいます。　すると今度は柴田軍が「秀吉のいない今がチャンス！」と動きました。

柴田軍の一部が秀吉軍に奇襲をかけ、トレイルランニングなみに山を駆け降り駆け登りして、秀吉方が守る砦を二つ落としたのです。

これにあわてたのが秀吉……と思いきや柴田軍の動きは想定済みで、猛スピードで軍を北近江に返します。　なんと「中国大返し」第二弾となりました。　今度は52km。兵たちの「またかよー」というぼやきが聞こえてきますね。　しかし主催者も慣れたもので。　今回は街道沿いの家々に松明（たいまつ）とおにぎりを用意させました。　兵たちはその補給をうけながら走ったのです。　もう現在のマラソンとどこが違うのかわからなくなってきました。　タイムは5時間！　みごと記録更新です。　反転攻勢に出た秀吉軍は柴田軍を打ち破り

秀吉の素早さに驚いたのは柴田軍です。

ました。あの世で明智光秀が「オレの失敗に学べよぉ」とこぼしていそうです。勝家は北庄《きたのしょう》城まで落ちのびましたが、そこで自害しました。このとき勝家の妻のお市（信長の妹で浅井長政の元妻）もいっしょに亡くなっています。

ちなみに**お市が浅井長政との間に産んだ三人の娘**は、長女の茶々《ちゃちゃ》（後の**淀殿《よどどの》**）が秀吉に、次女の初《はつ》が京極高次《きょうごくたかつぐ》に、三女の江《ごう》は**徳川秀忠**（家康の子で江戸幕府2代将軍）に嫁ぎます。とりわけ江は3代将軍となる**家光**を産んだほか、**後《ご》水尾《みずのお》天皇**の中宮になる和子《かずこ》も産みます。このため、江の血筋は現在の天皇にもつながっているのです。浅井長政あなどりがたし、です。

家康と戦った小牧・長久手の戦い

織田家家臣団筆頭の柴田勝家を倒したものの、秀吉の前にはもう一つの壁が立ちはだかります。徳川家康と信長の二男・織田信雄です。小牧《こまき》・長久手《ながくて》の戦いで二人を叩きつぶせなかった秀吉は、別の方法で上下関係を示す必要に迫られます。

❖「なにわ」の地に築いた大坂城

賤ヶ岳の戦い後、北陸地方の**前田利家**《としいえ》らは秀吉に従うようになりました。岐阜城の信孝（三男）は、清洲城の織田信雄（二男）に攻められ自刃しました。

次に秀吉は、安土城にかわる新たな天下人としてのシンボルを築こうとしました。まず、摂津国の池田恒興を美濃国に移し、かわりに秀吉が摂津国をもらいます。そして摂津の**石山本願寺**の跡地に巨大な**大坂城**をつくりはじめました。

そこは川や海に囲まれた守りの堅い場所でした。**石山合戦**が10年間もつづいたこと

がそれを証明しています。ここに秀吉は巨大な石垣と堀をもつ、難攻不落の城を築きました。天守閣は安土城をしのぐ大きさだったようですが、のちに江戸幕府がつくり直したため、秀吉時代の姿は詳しくわかっていません。

この工事は各地の大名たちを動員する「**天下普請**《てんかぶしん》」でおこなわれました。これはいわば「信長の後継者は秀吉だ」と示すデモンストレーションです。秀吉は織田信雄にこの大坂城に出仕《しゅっし》するよう求めました。つまり「秀吉に仕えよ」と言ったのです。**信雄は反発し、徳川家康と結んで秀吉**と敵対しました。

❖小牧・長久手の戦いで秀吉は家康に勝てなかったのか？

家康としても秀吉がこのまま権力を手中にしてしまうのはがまんがなりません。5カ国も治める家康から見たら、秀吉など信長の手下にすぎないのです。そこで家康と織田信雄は1584年、秀吉と戦いました。これが**小牧・長久手の戦い**です。

尾張国に家康が出てくると秀吉方の池田恒興は犬山城（愛知県犬山市）を奪いました。対抗して家康は犬山城の南約10kmにある小牧山城に入ります。秀吉も大坂城から出てきたものの決着はつきません。そこで秀吉は家康の領国三河を別働隊で襲う作戦に出ました。迂回ルートで背後を脅かそうという狙いです。しかし家康に見抜かれ、長久手（愛知県長久手市）で背後から襲われ大敗し、池田恒興は戦死しました。

ここまでは家康方が優勢に見えますが、その後秀吉が北伊勢に侵攻すると**信雄は勝手に秀吉と和睦**してしまいました。家康は秀吉と戦う大義名分を失い、やむをえず秀吉と和睦しました。

この戦いは秀吉が家康に勝てなかった戦いと言われがちです。しかし実際には、織田信雄も家康も実子を秀吉のもとに送っています。家康の子は秀吉の養子となりますが、これでは人質を取られたも同然です。やはり秀吉が優勢に立った戦いと言うべきです。家康軍の優勢ぶりが広められたのは江戸時代になってからのことで、そこには別の意図があったようです。それは後（P.266）で述べることにします。

ところで織田信雄と家康は、秀吉と戦うにあたり四国の**長宗我部元親**にも味方になるよう誘っていました。それに応じた長宗我部氏を秀吉が攻めようとすると元親は秀吉に臣従し、かわりに土佐一国の支配を認められました。

❖主家を殺さない「下剋上」の方法

小牧・長久手の戦いで織田信雄や徳川家康を滅ぼせなかった秀吉は、彼らより上位にあることを別の方法で世間に見せつける必要に迫られました。そこでとった方法が、古代律令国家がつくった**官位制の序列で上下関係を示す**策でした。

律令国家が崩壊した後も、天皇が臣下に位階と官職をあたえる官位制はつづいていました。位階とは正《しょう》一位を頂点とするランクのことで、官職とは太政大臣《だいじょうだいじん》を頂点とする役職のことです。すでに形骸化していたとはいえ、これにより序列がはっきりするという効果はのこっていました。秀吉はここに目をつけたのです。

1585年、秀吉は**織田信雄**を上洛させて、正三位・権大納言《ごんだいなごん》に昇進させます。その時点で秀吉は従《じゅ》三位・権大納言。ほんのわずか位階が下です。しかしその後すぐに従二位・内大臣に昇り、信雄を追い越しました。さらに4カ月後には従一位・関白、さらに翌年には太政大臣にまで昇進します。これは朝廷が秀吉の実力を認めていた証しでもありますが、農民出身であることを考えると異例のスピード昇進でした。

こうして官位制を利用して「下剋上」をなしとげたからには、**官位制の権威の源泉である天皇**をないがしろにすることはできません。のちの江戸幕府もこの官位制を利用しますから、やはり天皇制を廃止することはありえません。天皇制が武家政権下でも存続した理由には、こんな事情もあったのです。

秀吉は以後、服属した大名には必ず上洛を命じます。そして秀吉のはからいで、朝廷からその大名に官位をあたえさせました。参内する際には秀吉が大名を連れていきます。朝廷での座席は官位順なので、大名は秀吉と自分との上下関係をまざまざと見せつけられました。一種のマウンティングですね。

ちなみに織田信長は、まったく官位をほしがりませんでした。やはり信長は天皇を超える立場を視野に入れていたからでしょう。

❖秀吉のワガママに付き合わされた女性たち

さて、臣下であることをなかなか認めない家康には、秀吉はどうあたったのでしょう。上洛をうながしても家康は一向に応じません。そこで秀吉は、妹の朝日姫を家康

に嫁がせたいと言い出しました。これはつまり人質です。しかしこの朝日姫、すでに44歳の既婚者です。それを離婚させてまで嫁がせようというのですから、かなり無理があります。いくら政略結婚の多い時代とはいえさすがにこれは珍事でした。

　ところがそれでも家康は動きません。「狸《たぬき》」と呼ばれるだけのことはありますね。しかし秀吉の「猿」芝居も負けてはいません。朝日姫の病気にかこつけて、見舞いと称して母親を送りこみ、再び家康に上洛を求めました。なんと**秀吉は、自分の母親を人質にしてまで家康の上に立とうとした**のです。これはかなり掛け金が上がってしまいました。これでも家康が上洛を拒否すれば、どんな事態をまねくかわかりません。さすがの家康も折れました。万一の事態に備え、岡崎城に秀吉の母と妹の身柄を人質として確保したうえで、家康はついに上洛しました。

　秀吉は公式に対面する前夜に家康のもとを訪れ、「明日はわざと尊大な態度をとるから合わせてくれ」と頼んだといいます。親密なやりとりで相手を手なずける「人たらし術」は、秀吉がもっとも得意とするところでした。そうして翌日、諸大名らが見ている前で、秀吉は家康に向かい「大儀《たいぎ》である！（ご苦労であった）」と上からの物言いをし、家康は平伏《へいふく》したのです。こうして公開マウンティングは終了しました。

アイデアマンの秀吉がとった政策

豊臣政権は短期間で終わりますが、久しぶりの全国政権ゆえに、のちに大きな影響をあたえる政策をいくつもおこなっています。検地・刀狩《かたなが》りで確立された兵農分離や石高制は、江戸幕府に引きつがれて近世社会の基盤となりました。

❖石高と耕作者をはっきりさせた太閤検地

豊臣秀吉がおこなった検地は**太閤検地**とよばれ、それまで各地で戦国大名がおこなっていた**指出検地**《さしだし》（P.99）とは異なるものでした。その違いを簡単に挙げると、①単位を統一し、②実地測量をして、③土地ごとの等級を見定め、④耕作者を確定させて**一地一作人の原則**をとった、という4点です。これをもう少し詳しく見てみましょう。

そもそも戦国の世が約百年間もつづいたことで、物差しの長さや米を量る枡《ます》の大きさは地域によってバラバラになりました。秀吉はそれを統一したのです。そして指出検地とは違い、現地に役人を派遣して土地を測量しました。

おもしろいのは田んぼごとにその良し悪しを見極めて、上田《じょうでん》・中田《ちゅうでん》・下田《げでん》・下々田《げげでん》といったランクをつけたことです。田んぼには肥えた土地と痩せた土地があるので、単に面積からだけでは生産量を推測できません。**そこで、面積と土地のランクの両方から石高《こくだか》とよばれる生産量を推定しようとした**のです。

具体的に説明します。まず面積が1反《たん》の土地でどれだけお米がとれるかを4段階に分けました。良い土地の上田なら1石《こく》5斗《と》（150升《しょう》）、中田なら1石3斗（130升）がとれる……という具合です。この数値に面積を掛けたものが石高です。たとえば4反の上田だったら、石高は6石になる計算です。そして土地ごとの耕作者を確定させ、検地帳という帳簿に書きつけました。耕作者は**名請人《なうけにん》**とよばれ、年貢納入を義務づけられるかわりに耕作権を保障されました。

これらのやり方は、秀吉の完全オリジナルというわけではありません。柴田勝家が治める越前国や秀吉のいた北近江でおこなわれていた検地をベースとしたものです。

越前国では織田軍が一向一揆を鎮圧した際に強力な軍事力を見せつけました。その威圧のおかげで土地制度に大ナタを振るえました。古いしくみを破壊するのが信長の十八番《おはこ》と思いきや、意外にも過去のしがらみを断つような検地はやっていなかったのです。商業政策に力点をおく反面、土地政策には興味が薄かったのかもしれません。

かわって秀吉は征服地で次々と太閤検地をおこなっていきました。ただ、実際には地域によってやり方はかなり異なり、測量をしなかったところもあります。それでもとにかく石高は定められたので、村の石高である**村高《むらだか》**が確定しました。そのいっぽうで各大名の**知行高《ちぎょうだか》**（支配する石高）を決めたので、大名には知行高に相当する村々をあたえ、知行高にみあった軍役をつとめるしくみができました。これを**大名知行制**といいます。これらの過程で村の範囲も確定されたため、村どうしの境目をめぐる争いも解決されていきました。

❖兵農分離をひきおこした国替え

一つ一つの土地の名請人が確定すると、これまでのように**加地子《かじし》とよばれた小作料を誰かに払うこと**（P.98）**はなくなり、年貢を一人の領主に納めるだけ**ですむようになりました。複雑に重なっていた土地の権利関係が、領主―名請人というシンプルな関係に変わったのです。これを**一地一作人**《いっちいっさくにん》と言います。もっともそれで農民がラクになったわけではありません。秀吉が定めた基本の年貢率は二公一民、つまり生産物の三分の二を納めさせるもので、かなり重かったからです。

ここで重要なことは**地侍層が持っていた加地子を取る権利が否定された**ことです。彼らは武士として生きていくなら、主君から禄をもらって生きていくほかなくなりました。こうして農民兼武士という中間層がいなくなり、**兵農分離**が進んだのです。さらにそれを確定的にしたのが「**国替**《くにがえ》」、つまり大名の領地替えでした。

秀吉に従った大名たちの多くは国替をさせられました。秀吉としては「大名の知行高分の土地をあたえてやるのだから、場所はどこだって構わないだろ？」という理屈です。大名は家臣とともに別の土地に移りますが、そこには農民まではくっついてきません。農民は検地帳に登録された土地にのこったまま耕作をつづけ、新たにやってくる領主に年貢を納めることになるのです。

こうなると、たとえ検地がルーズだった地域でも、さすがに加地子はもう取れなくなります。具体的に言うと、尾張国で加地子を得ていた武士が九州などの遠方に移ったら、直接尾張まで出向いて加地子を取ることなどできないし、農民にもってこいと命じても従わせることができないというわけです。

実は、土地への執着心が強く加地子をとりつづけようとした者もいました。彼らは兵の道を捨てて農民にもどり、その土地の有力者として生きていきました。まるで現代の転勤のようです。会社の転勤命令を拒んだら昇進がなくなる……と。

❖刀狩令とバテレン追放令

兵農分離を進めるためのもう一つの政策が刀狩りでした。1588年、秀吉は**刀狩令**を発し、農民から刀などの武器類を没収するよう命じました。農民には「おまえらの刀を釘に変えて、大仏をつくるのに使ってやろう」とか、「百姓は農業に専念しておればよい」などと言いわけしたのですが、ホンネは農民の一揆を防ぐのが狙いでした。

もっとも、農民が持つ武器類がすべて没収されたわけでもありません。害獣対策に武器は必要なのでそれらは農具という名目で村にのこされました。

そしてこの刀狩令と同じ日に**海賊取締令**も出されました。文字どおり海賊行為を禁止したもので、「海の刀狩令」などとも呼ばれています。

また、この前年には**バテレン追放令**を出し、キリスト教宣教師の国外追放を命じました。誤解されがちなのは、一般民衆のキリスト教信仰を許していた点です。大名の信仰は許可制になりましたが、**禁止されたのはあくまでも宣教師による布教**だけです。南蛮船との貿易にいたっては、禁止どころかむしろ奨励しました。

秀吉のねらいがどこにあったのかを説明しましょう。秀吉は、キリシタン大名らが宣教師を介してポルトガル・スペインとつながることを危険視していました。すでにキリシタン大名の**大村純忠**《すみただ》が領地の一部の長崎をイエズス会に寄進しており、そのせいで長崎は植民地状態となっていました。宣教師**ヴァリニャーニ**が武器や軍艦を配備して長崎を軍事要塞化していたのです！　このため秀吉は長崎を没収しました。

興味深いのは、宣教師は嫌っているのに**貿易は奨励**していることです。南蛮船には必ずと言ってよいほど宣教師が乗っています。このため南蛮貿易をつづけたら、宣教師が来日するのは避けられません。実際、ヴァリニャーニはこの法令の後にも2回も来日しています。「だったら貿易なんて禁止すればいいのに！」と思うかもしれませんね。しかし貿易は儲かります。たとえばかつて大内氏らがおこなっていた日明貿易では、1隻の船だけで純益が1万貫を超えるのです。じゅ、10億円ですよ！

それゆえ秀吉は、直轄地の長崎だけでなく他の大名領の港でも来航した南蛮船から**生糸**を買い占めようとしました。そして豪商たちに自分の管理下で貿易をやらせ、大いに儲けさせて上納金をがっぽり得たのです。

❖奇策で関白に就任し、大軍をひきいて九州平定

先述のとおり秀吉は1585年、**関白**となります。しかし、平安時代に摂政・関白が任じられるようになってから、この2つの職は藤原摂関家が独占してきました。なのにどうして秀吉が関白になれたのでしょう。摂関家は5つの家に分かれており、そのうちの二条家と近衛《このえ》家が関白の座を争いました。近衛家は秀吉に判断を求めますが、秀吉は「それならわしが関白になる」と言い出しました。近衛家は「摂関家以外の関白など前例がない」と驚き反論しますが、秀吉は「それならわしが近衛家の養子になる」と奇策をくり出しました。まさかの展開に公家たちはたじろぎますが、秀吉を敵に回す力などありません。やむなく受けいれました。こうして秀吉は関白となり、さ

らに**豊臣姓**も授かって**羽柴秀吉から豊臣秀吉へ**と変わりました。

地位を安定させた秀吉は、大名たちに「**惣無事**《そうぶじ》」を呼びかけていきました。「惣無事」とはすべて無事、つまり平和という意味です。「私戦《しせん》」を禁じ、領土紛争の裁決を秀吉に委ねるよう命じたのです。信長がとなえた「天下静謐《せいひつ》」の秀吉バージョンともいえますし、喧嘩両成敗法の最上ランクに位置するものともいえます。

しかし、九州の**島津義久**と関東の**北条氏政**が従いません。島津義久は停戦命令を無視して戦いをつづけ、大友軍を追い詰めます。窮地におちいった**大友宗麟**はみずから大坂城をたずね、秀吉に助けを求めました。そこで秀吉は、毛利氏や長宗我部氏に九州への出陣を命じ、島津軍の進軍を阻んだのです。

さらにみずからも大軍をひきいて九州に渡り、圧倒的な軍勢で薩摩国にまで踏みこみました。これにはさすがの島津氏もお手上げです。抵抗をあきらめた**島津義久**は、頭を剃って秀吉に面会し許しを乞いました。対面した際の秀吉は予想外の親密ぶりで、義久に「腰がさびしかろう」と声をかけ、自分の腰の刀をあたえたといいます。

この結果、島津氏は薩摩・大隅の二国と日向国の一部の支配を認められました。大友宗麟には豊後一国があたえられ、他国には豊臣系の大名が配置されました。

北条氏政に腹を切らせて小田原平定

さて、早くから検地をおこなうなど先進性のあった北条氏はどうなったでしょう。北条早雲が伊豆国を占拠してからおよそ百年、長年のライバル上杉氏が衰退し、武田氏も滅亡したことで、北条氏はあぐらをかいてしまったようです。中央の情勢にうとく、信長・秀吉がどれほど大きな力を持っているかを正しく認識しませんでした。

❖聚楽第に呼んでも来ない北条氏

秀吉は京都の大内裏《だいだいり》跡《あと》に**聚楽第**《じゅらくだい》という豪邸をつくり、大坂城から引っ越しました。そして１５８８年には、新たに即位した**後陽成**《ごようぜい》**天皇**を招きました。自分の家に天皇を呼ぶわけですからこれは大変な栄誉です。しかもその際に大名らを呼び集め、秀吉の命令に従うとする誓約書を書かせて天皇に提出させました。翌年には聚楽第の周りに土地をあたえて屋敷をかまえさせ、妻子ともどもこちらで生活するように命じました。

この聚楽第に呼んでも来なかった大名に北条氏がいます。当時、**北条氏政**は家康と同盟を結んでいたため、家康が秀吉の命令を伝えて従うように言ったのですが、北条氏政は首を縦にふりません。家康は「同盟を破棄する」とまで迫りました。

そこで北条氏政は、韮山《にらやま》城主の弟・氏規《うじのり》を上洛させました。氏規は秀吉の圧倒的な経済力と軍事力を目にして驚愕《きょうがく》しました。それゆえ小田原にもどると氏政に「秀吉に臣従したほうがいい」と勧めましたが、氏政はなおも渋ります。あげくのはてには「上洛するかわりに秀吉の母を人質に寄こせ」などとゴネだしました。自分を家康と同列に扱ってほしがったのです。秀吉はすでに**九州平定**も終えて、いつだって全軍を北条攻めにあてられるというのにいい気なものです。

１５８９年、北条氏と真田氏の領地争いを秀吉が裁定すると、その直後に北条氏は真田方の城を奪いました。なんというやんちゃぶり！　秀吉はこれを命令違反と咎《とが》め、北条征伐を決定しました。家康を先鋒に北は上杉景勝から南は長宗我部元親まで出陣させて、総勢20万人を超える兵力を動員したといいます。

かつて小田原城下まで迫った上杉軍を退かせたことがある北条氏は、これにならって籠城戦を選びました。いくら大軍で迫ってきても兵糧不足に陥るだろうと踏んだわけです。秀吉軍の略奪を想定して村の食糧も城内に移させました。

しかし城攻めなどいくらでも経験している秀吉にぬかりはありません。20万石もの兵粮米を用意して小田原城を包囲しました。これなら半年くらい余裕でもちます。

秀吉の経済力をみくびっていた北条氏は焦り、城内で何度も評定《ひょうじょう》を重ねます。議論ばかりくり返して結論が出ないさまを「小田原評定」と言うのはここから来ています。

❖「御国」のために立てよ、領民!

北条氏は秀吉との戦いにあたって領民に呼びかけました。「これまで長い平和を享受できたのは『御国《おくに》』のおかげであるぞ。危機の今こそ『御国』のために働くべきだ!」と。まるで昭和戦前期のスローガンじゃないですか⁉ もっともこの時代の百姓は、現代の私たちが思うほど従順ではありませんでした。意外な結果を紹介します。

もともと北条氏は「人改《ひとあらため》」と呼ばれる調査をおこない、村ごとに徴兵可能な成人男子のリストをつくらせていました。そして村の貫高に応じて一定の割合で陣夫役を負担させていたのですが、今回はとてもそれだけでは足りません。そこでこのような呼びかけをするに至ったのです。ところが百姓は「数さえ揃えば良いだろ？」とばかりに、村で養っていた乞食《こじき》を差し出すなどして真面目に応じようとしません。これはもう徴兵忌避《ちょうへいきひ》以外の何ものでもありませんでした。

そしていよいよ豊臣方が迫ってくると、伊豆北部の村々は早々に秀吉の支配を受けいれました。近くの韮山城がまだ粘《ねば》っているにもかかわらずです。戦場となる村ではよくあることですが、攻め入ってくる秀吉軍にお金を払い、村を襲ってはならないという「**禁制**《きんせい》」という文書を出してもらったのです。

しかしよく考えれば、百姓が北条氏を見限るのも当然です。北条氏が身の安全を絶対に保証してくれるわけではないのですから。北条氏と豊臣軍をくらべた百姓は、強い側になびきました。

韮山城は北条氏規が約３カ月粘りますが、隣の**山中**《やまなか》**城**はたった2時間で落城してしまいました。

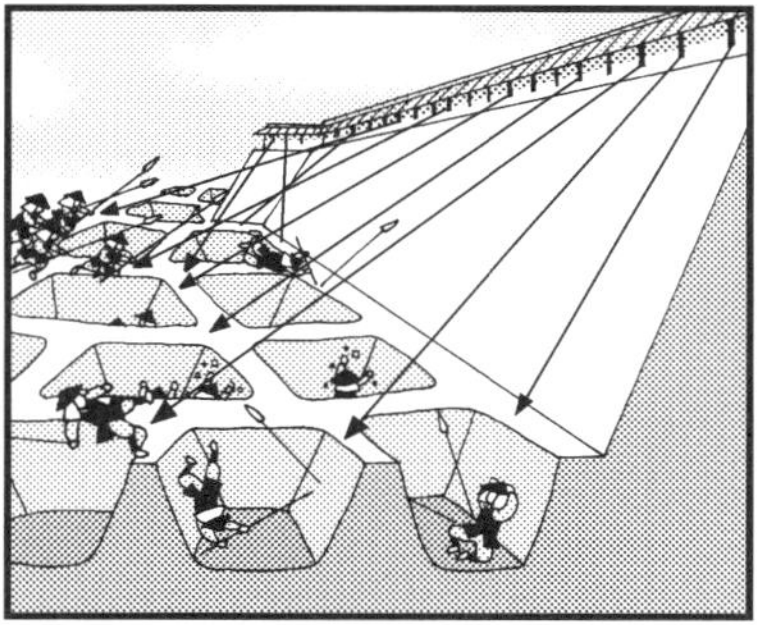

●山中城の障子堀

ここは北条流築城術の粋《すい》を集めたとされる名城で、美しい**障子堀**《しょうじぼり》が今ものこっています。結局実戦では役に立たなかったのでしょうか。

❖領地をすべて奪われた北条氏

こうして北条氏は何の策も打てないまま、支城を次々と落とされていきました。本城である**小田原城**には周囲9㎞にもおよぶ「**惣構**《そうがまえ》」と呼ばれる堀がめぐらされていました。このため城内には、兵士・百姓・町人あわせて6万人もの人びとが立て籠もっていたといいます。しかしそんなに長い防衛ラインを守りきれるはずもありません。

秀吉は小田原城を見下ろす山に石垣山城まで築き、腰をすえた攻撃姿勢を見せました。この作戦のもたらした精神的ダメージは大きく、1590年ついに北条氏は降伏しました。

この時点で北条氏政はすでに家督を氏直《うじなお》にゆずっていたものの実質的なトップでした。このため氏政は切腹《せっぷく》、氏直は高野山《こうやさん》に追放され、まもなく亡くなりました。

ちなみに落城が一番遅かったのは、映画にもなった小説『のぼうの城』で有名な成田氏の**忍城**《おしじょう》（埼玉県行田市）です。ここは沼地に囲まれた堅城で、秀吉配下の石田三成による水攻めにも耐え、小田原城落城の報を聞いた後に降伏しました。

北条氏が消えた後の関東には家康が移されました。こうした移動を「**転封**《てんぽう》（国《くに》替《がえ》）」といいます。新たな領地は約250万石にもおよぶ広大なもので、石高だけで比べれば秀吉の直轄領を超えるものでした。家康は武田家が滅亡したときにも武田の旧家臣を多く召し抱えましたが、今回も北条氏の旧家臣を取りこみました。

秀吉は、家康が抜けた後の駿河などの旧領に、織田信雄を移そうとしました。ところがその命令を信雄が拒否したため、秀吉は領地を没収し、信雄を那須《なす》に一時追放しました。地侍たちが転勤命令を拒んで農民人生を選ぶことがありましたが、もっと上の世界でも転勤拒否をする事例があったのです。

❖みずから従うと言ってきた伊達政宗

ところで秀吉が北条氏を攻めているときに、ようやく秀吉の前に来て臣従したいと申し出た大名がいます。奥州ナンバーワンの大名、**伊達政宗**です。

このころの伊達氏は、秀吉から「惣無事」令が出されているにもかかわらず、会津の戦国大名蘆名《あしな》氏を滅ぼして勢力を広げていました。このためどんな処罰がくだるかわからず、切腹覚悟の死に装束《しょうぞく》で秀吉の前にあらわれました。しかし秀吉は、会津などの領地を取り上げるだけで政宗を許しました。

北条氏討伐を終えた秀吉は、そのまま会津まで軍を進め、**奥州平定**もなしとげました。それにともない太閤検地がおこなわれますが、このとき秀吉は、検地に反対する者への対処法を検地奉行の**浅野長政**《あさのながまさ》に書き送りました。その手紙がこちらです。

城主にて候《そうら》はば、其《その》もの城へ追入れ、各《おのおの》相談《あいだん》じ、一人も残し置かず、なでぎりに申し付くべく候。百姓以下に至るまで、相届《あいとど》かざるに付《つき》ては、一郷《ごう》も二郷も悉《ことごと》くなでぎり仕《つかまつ》るべく候。

これは強烈な手紙です。「城主も百姓も言うことを聞かない者がいたら、片っ端《ぱし》から斬り捨てろ！」とあります。そして案の定、反発はおこりました。葛西《かさい》・大崎の一揆です。実は九州平定の後にも、肥後で**検地反対一揆**がおこっていました。既得権益が否定される検地には、反発する人たちが多かったのです。

❖秀吉の天下統一の意味

こうしてついに全国という意味での「天下」統一がなりました。**応仁の乱**から百年あまり、この間に戦いの規模や意味が変わってきたことにお気づきでしょうか。

戦国時代の前半は、全国各地に小規模な戦国大名や国人がひしめいていて、「**国郡**《こくぐん》**境目相論**《さかいめそうろん》」とよばれる領地の境界をめぐる戦いや、略奪を目的とする戦いが多くありました。互いの勢力も拮抗していて、武田信玄と上杉謙信や、大内氏と尼子氏のように、決着のつかない戦いを何度もくり返しがちでした。

しかし、信長が足利義昭をともなって上洛したころから戦いは変わりました。信長は「天下静謐」を掲げつつ、朝倉氏に言いがかりをつける形で越前を征服し、また武田氏を滅ぼしました。秀吉はまるでそれをまねるかのように「**惣無事**」を掲げつつ、圧倒的な物量で従わない大名を服従させていったのです。

多くの人びとが死んでいったことを思うと、そこまでして天下を統一する必要があったのかという疑問が生まれます。醍醐寺の僧の旅行の記録（P．１１８）からは、民間では地域間の統合ができつつあったことがうかがわれます。また、かつての鎌倉幕府や室町幕府はこれほど大規模な戦争をしなくても成立したのです。

そう考えると秀吉にはもっと他の意図があったのではないかと思えてきます。強引な**太閤検地で兵糧の確保をはかり、過剰なほどの軍勢を動かせるようにした**のは、**朝鮮出兵**のための準備だったのではないか、と。

北条攻めのときにこんなことがありました。秀吉方の前田利家が松井田《まついだ》城や鉢形《はちがた》城を交渉で降伏させると、秀吉は「実力で攻略した城がないではないか！」となじりました。そこで利家は次の八王子城を徹底的に攻撃し、３０００もの首を取りました。城内の女性たちは滝に身を投げて死んだと伝えられています。

そこにはかつて調略で敵の武将を寝返らせるのを得意としていた秀吉の姿は見えません。圧倒的な武力で反抗する者を殲滅《せんめつ》することで、その後の検地をスムーズに進めやすくしようとする魂胆がかいま見えるのです。人びとを服従させるためなら、死傷者が増えてもおかまいなし、といった具合です。

❖信長や秀吉が開く茶会はなんのためか

茶道の流派の表千家・裏千家の祖は、この時代に生きた**千利休**《せんのりきゅう》です。利休は堺の商人で、**侘**《わ》**び茶**を大成し、信長・秀吉の両方に仕《つか》えました。当時のお茶は抹茶《まっちゃ》で、茶会には食事がともなうのが基本でした。

さて、なぜそんな茶の湯が信長・秀吉に関係するのかというと、信長が有名な茶器の蒐集《しゅうしゅう》にハマっており、それを家臣への褒美《ほうび》としたり、家臣が茶会を開くことを許可するなど、家臣団統制に利用していたからです。

この**茶の湯**の文化は、堺や博多の商人たちが生み出したものでした。それゆえ重商主義政策をとる信長や秀吉は頻繁に茶会を開き、商人たちとのつながりも深めていきました。天皇の権威に依存したくない信長にとっては、茶の湯が公家の伝統文化の外に生まれた文化であったことも魅力でした。

千利休の侘び茶は、非常に狭い茶室で主が客をもてなすものでした。秀吉はその空間を利用して多くの大名と茶を飲み、親密な関係を築いていったのです。まさに「**密**

室政治」に好都合な装置だったと言えます。

　そうした茶会に臨席する千利休の影響力の大きさがうかがわれる話があります。秀吉の片腕としてめざましい働きをしていた弟の**豊臣秀長《ひでなが》**が、大友宗麟に向かってこんなことを言いました。「内々の儀は宗易《そうえき》、公儀の事は宰相《さいしょう》に相談してほしい」と。宗易とは千利休のことで、宰相とは自分のことです。なんと秀長は、内密な話は自分ではなく千利休に話せと言っていたのです。

　しかし、秀吉と千利休の方向性は違っていました。秀吉が豪華絢爛《けんらん》を好んだのに対し、利休は簡素《かんそ》静寂《せいじゃく》を求めたのです。これでは合うわけがありません。秀吉がつくらせた黄金の茶室がそれを物語っています。壁も柱も金張りで障子には赤い生地を張り、中に入ると派手というレベルを超えて目がくらくらするほどです。この茶室は現代のプレハブのような組み立て式で、朝鮮出兵の際には九州まで持っていきました。

　二人の方向性のズレが明らかになると同時に、「密室政治」も終わりを迎えました。**石田三成《みつなり》**や**浅野長政**といった**文吏派《ぶんりは》大名**たちが、主導権をにぎるようになったからです。秀吉にとって千利休は、自分の黒い部分を知る邪魔者になってしまったのでしょうか。**秀吉は利休に自殺を命じ、利休は切腹**しました。その真相は謎のままです。

朝鮮出兵と豊臣政権の終わり

秀吉に暗い影を落としていたのは後継者問題でした。信長や家康には10人ほどの男子が育ったのに秀吉の子はいずれも早くに亡くなりました。やむをえず甥《おい》の**秀次**《ひでつぐ》を跡継ぎとして関白職をゆずると、以後秀吉は「**太閤**」と呼ばれました。その秀吉が最後におこなった朝鮮侵略は朝鮮の農村を荒廃させ、農地を三分の一にしてしまうほどの被害をあたえるものでした。

❖緒戦は日本軍が優勢だった文禄の役

天下統一が視野に入った段階で秀吉は、「唐入《からい》り」つまり明《みん》の征服を計画しはじめました。まず手はじめに朝鮮に対して、①日本への朝貢と、②明侵攻の先導役をつとめることを要求しました。その仲介役をはたしたのは、対馬《つしま》の島主の**宗**《そう》**氏**です。しかし、これまで中国王朝に朝貢し、明の臣下にありつづけた朝鮮は応じませんでした。

秀吉は、出撃の基地として肥前国に**名護屋城**（佐賀県唐津市）を築き、諸大名に出陣を命じました。大規模な軍勢を動かすことは、すでに島津氏や北条氏との戦いで練習済みですが、今回はさらに兵員と兵糧の確保につとめました。

豊臣政権は身分法令や**人掃令**《ひとばらいれい》を出して、武家に仕える下《した》っ端《ぱ》の兵が百姓・町人になることを禁じていました。さらに全国的な戸口《ここう》調査もおこなって、どのくらいの兵を動員できるかを把握しようとしました。兵粮米の確保には、「名護屋では市場価格の1割高で米を買うぞ！」と呼びかけて米が集まるようにしました。

こうして1592（文禄元）年4月、15万を超す大軍が朝鮮に渡りました。この戦いを**文禄**《ぶんろく》**の役**《えき》といいます。朝鮮半島南岸の**釜山**《プサン》に上陸した日本軍は、戦闘に慣れていたこともあり次々と城を落とします。早くも5月には朝鮮の

●朝鮮出兵

首都・**漢城**《かんじょう》（ソウル）を陥落させ、秀吉は正妻の**北政所**《きたのまんどころ》に「9月の節句は北京で迎えるつもりだ」と手紙を送りました。すごい強気ぶりですが、秀吉はさらにこんな構想も描いていました。

天皇を北京に移し、跡継ぎである秀次を中国の関白とする。みずからは**寧波**《ニンポー》に移ってインドの征服をめざす、と。寧波とは上海の南に位置する港町で、当時は東アジア貿易の拠点でした。このことからも秀吉が通商を重視していることがわかりますね。

そして6月には**小西行長**《こにしゆきなが》が平壌《ピヨンヤン》を占領し、7月には**加藤清正**《きよまさ》が朝鮮の北東まで攻め込み、朝鮮の二人の王子を捕らえました。

❖思わぬ誤算にがっかり、そして激怒した秀吉

日本軍の快進撃の裏側で、朝鮮側の反撃がはじまっていました。5月、**李舜臣**《りしゅんしん》のひきいる朝鮮水軍は、がんじょうな装甲《そうこう》の**亀甲船**《きっこうせん》で日本水軍を打ち破りました。日本軍は朝鮮南部の制海権を奪われ、兵糧を送り届けるのが難しくなります。そのうえ明からの援軍がやってきて、日本軍は押しもどされていきました。

日本軍にとって思わぬ誤算だったのは、朝鮮民衆による抵抗でした。日本の百姓は、新領主の支配を受けいれたほうがトクだと判断した場合には、あっさりそれを受けいれます。おかげで戦国大名たちはスムーズに戦ってこられました。しかし朝鮮ではそうはいきません。日本人を支配者として受けいれない朝鮮民衆は、「義兵《ぎへい》」となってゲリラ的に戦いつづけました。

日本への入貢《にゅうこう》を朝鮮だけでなく台湾やルソン、さらにインドにまで求めていたほどの秀吉にとってこれは大きなつまずきでした。秀吉は朝鮮に渡ることをあきらめ、かわりに石田三成らを朝鮮に送りこみました。

この戦争に対する抵抗は日本軍の中からもわきおこっています。島津氏の家臣の**梅《うめ》北国兼《きたくにかね》**は、名護屋城に向かう途中で出兵を拒否して一揆をおこしました。また、渡海した**加藤清正**軍のもとからは、陣夫役に動員された百姓が大量に逃げ帰りました。怒った清正はどの村の者が逃げ帰ったのかを調べあげ、「代わりの者を送ってこい！」と国元に命じます。ところが実は、清正の手下もグルになってやっていたことでした。これが勇猛さをうたわれた加藤清正の悩みだったとは驚きです。

開戦前にも対馬の**宗氏**や博多商人の**島井宗室《しまいそうしつ》**らが、戦いを回避しようとしていました。出兵前に朝鮮から来日した使者を、服属使節と偽って秀吉に紹介したり、秀吉から朝鮮への要求を「日本軍が明に入るための道を借りたいだけ」と内容をすりかえたりしていたのです。

のちには、在陣中の日本兵の中から朝鮮側に投降する者まであらわれました。その数は数千人にものぼり、「**降倭**《こうわ》」とよばれました。「**沙也可**《さやか》」という日本人は降倭軍を指揮して日本軍と戦ったといいます。

やがて**小西行長**と明軍の沈惟敬《しんいけい》の交渉で停戦が成立すると、小西行長は偽の使者や偽の国書を用意して、日本と明の体面《たいめん》を立てつつ講和をはかりました。秀吉が明に対して上から目線で書いた強気の国書を、へりくだった形に書き換えて明側に渡し、逆に明から送られた国書を秀吉が受けいれそうな内容に偽造して、秀吉に伝えたのです。しかし、結局それは時間稼ぎにしかなりませんでした。

停戦後も日本軍は釜山に留まっていましたが、１５９６年に明の使者が大坂城にやってくると秀吉は激怒しました。人質として要求していた朝鮮国王の王子が来ないうえに、明の国書に「朝鮮半島から完全撤退しろ」とあったからです。

❖和平交渉が決裂し、慶長の役に

一度目の朝鮮出兵をおこなった翌1593年、秀吉と側室の淀殿《よどどの》（茶々）との間に男子が生まれました。のちの豊臣秀頼《ひでより》です。これをかわいがる秀吉は2年後、邪魔になった養子の秀次を謀叛の疑いで高野山に追放し、自刃させました。このとき秀次の家族や家臣、あわせて約30人も斬首しています。秀吉の傲慢さは目にあまりますね。

そのいっぽうで朝鮮侵略も再開しました。1597（慶長2）年から始まる二度目の戦い慶長の役《けいちょうのえき》です。今回の目的は朝鮮南部を切り取ることです。日本軍は手柄を示すために殺した朝鮮人の首のかわりに鼻や耳を削ぎ、塩漬けにして秀吉の元に送りました。しかし鼻だけなら必ずしも戦闘員の男性である必要はありません。そのため老人や女性を殺すことにつながりました。

例によって略奪や人捕りもさかんにおこなわれました。日本に連行された朝鮮人のなかには陶工がおり、彼らによって有田焼《ありたやき》などの陶磁器生産が始められました。また、略奪した品や奴隷を朝鮮まで買いに来る商人もいて、日本兵はおみやげとして朝鮮人奴隷を郷里の家族に送っていました。そうやって**朝鮮から日本に無理矢理送られた人数は数万人**におよびます。そのほとんどは二度と朝鮮に帰ることはありませんでした。

現代の感覚からすると「なんて残酷な！」と言いたくなります。ただ、人身売買は当時の戦《いくさ》にはつきものでしたし、ポルトガル人も奴隷売買に手を染めていました。多数の日本人奴隷を買い入れて、手足に鉄の鎖をつけてマカオなどに連れて行っていたのです。これはイエズス会も公然と認めていたことでした。

結局、二度の朝鮮出兵は秀吉の死で終わりました。1598年、秀吉は幼い秀頼をのこし、62歳の生涯を終えたのです。辞世《じせい》の句には秀吉の一生があらわれています。

つゆ《露》とをち《落》　つゆ《露》とき《消》へにし　わかみ《我が身》かな　なにわ《難波》の事も　ゆめの又ゆめ

幼い秀頼を案じて、古いつきあいの**前田利家**に後見《こうけん》を頼んだ秀吉ですが、この歌にはすでにあきらめの心境が見えます。信長の子をさしおいて天下を取ったものの、豊臣家を永続させることはできなかったのです。

第8章

江戸幕府をひらいた徳川家康

秀吉亡きあと天下をねらう家康は、秀吉の家臣どうしの対立を利用して関ヶ原の戦いに挑みます。しかし、どういうわけか決戦の場には徳川軍本隊の姿は見えませんでした。

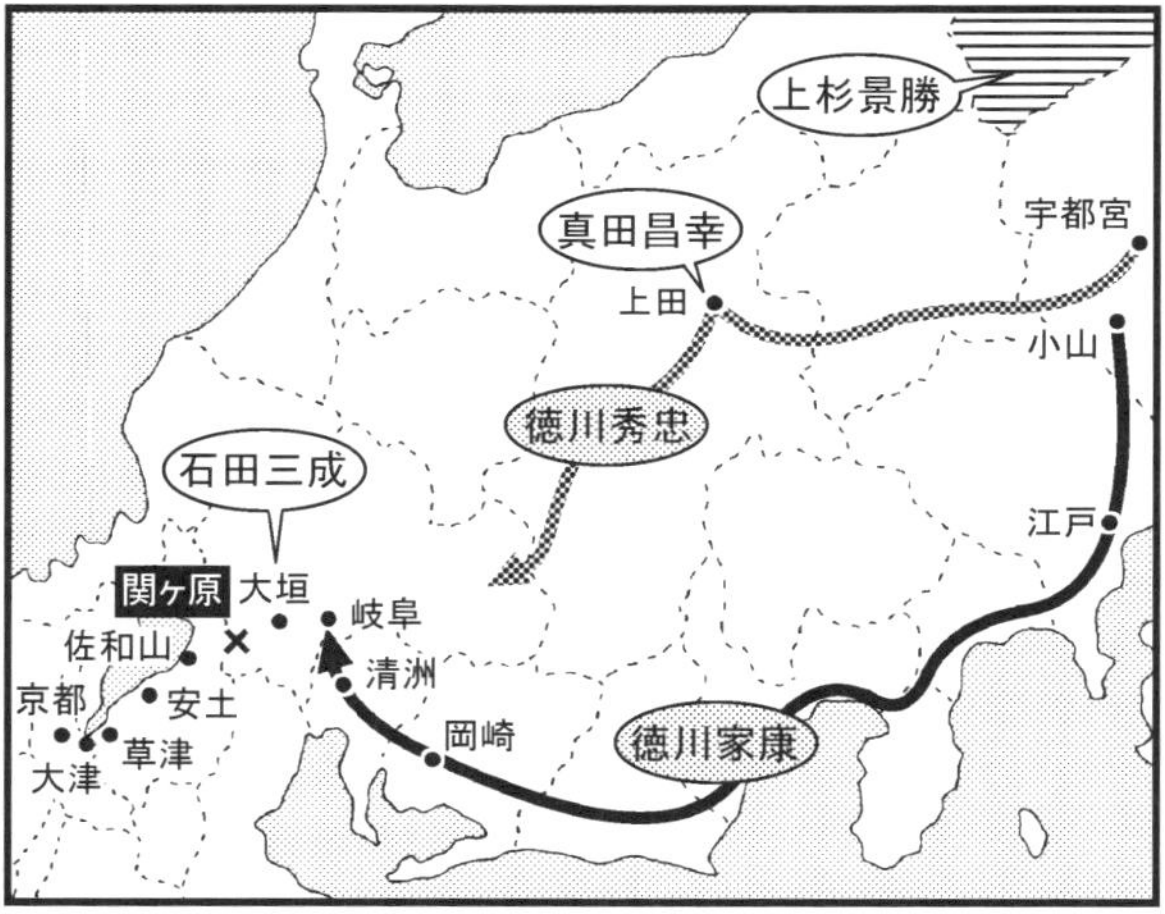

●関ヶ原の戦いに向かう徳川軍

天下分け目の合戦、関ヶ原の戦い

秀吉が没するといよいよ徳川家康が天下取りに乗りだしました。それを阻もうとしたのが、秀吉子飼《こが》いの大名の石田三成です。三成は幼い豊臣秀頼をもり立て、豊臣政権を存続させようとしました。両者はやがて関ヶ原で激突します。

❖秀吉に取り立てられて五奉行となった石田三成

信長は自分が自在に動かせる者しか信用しようとせず、自分の親族と古くからの家臣ばかりを重視しました。そのせいで将来を不安視する外様《とざま》家臣に謀叛をおこされがちでした。そして信長ひとりに権力を集中させるしくみをとった織田政権は、信長が消えれば崩壊する宿命にありました。

これに対して子のない秀吉は、他家から何人も養子を取り、それをまた他家の養子に送りこむなど擬似的《ぎじてき》な縁戚《えんせき》関係づくりに励みました。若い時分に引き立てた者を大名に育て上げ、いわゆる「**秀吉子飼いの大名**」も生み出しました。晩年には**五大老**《ごたいろう》と**五奉行**《ごぶぎょう》を定めたものの、その関係性をしっかり整えるまでには至りませんでした。これでは信長とそう変わりません。秀吉の死が政権崩壊をまねいてしまいます。

五大老とは、大老とよばれた**徳川家康**・**前田利家**・**毛利輝元**・**小早川隆景**《こばやかわたかかげ》・**宇喜多**《うきた》**秀家**《ひでいえ》・**上杉景勝**の6人のうち、先に没した小早川隆景を抜いた5人のことです。家康を筆頭とする有力大名で、秀吉は彼らに重要政務を合議させようとしました。とりわけ尾張時代からともに信長に仕えてきた前田利家には、秀頼の守《も》り役を頼みました。というのは、秀吉と利家の妻どうしが幼なじみで、利家の娘が秀吉の養女となるなど、両家は家族ぐるみでつきあい、親族同然だったからです。

いっぽう五奉行は秀吉の直臣の大名で、**浅野長政**・**増田長盛**《ましたながもり》・**石田三成**・**前田玄**《げん》**以**《い》・**長束正家**《なつかまさいえ》の5人です。筆頭は浅野長政で、さまざまな実務を担いました。

このうち**石田三成**は近江国石田村の生まれで、少年時代に長浜城にいた秀吉に取り立てられた典型的な子飼い大名です。軍功もそれなりにあげますが、何よりも得意としたのは民政や大名との交渉でした。このため太閤検地では早くから活躍しています。三成は秀吉から**佐和山城**《さわやま》（滋賀県彦根市）をあたえられると、そこで一段と細やかな民政をおこなったようです。第2章で紹介した琵琶湖北岸の菅浦は、このとき石田領となったため、三成が出したきめごとの文書がのこっています。そこには「米がこぼれないように俵を二重にして年貢を納めよ」などとあって、三成の口うるささがよく現れています。細かいことにまで口出しをする几帳面《きちょうめん》タイプでした。ちょっと優等生っぽくて融通《ゆうづう》がきかなそうですよね?

❖朝鮮出兵は武断派と文吏派の対立を生んだ

石田三成と同じく幼少の頃から秀吉に仕えた典型的な子飼い大名に**加藤清正**がいます。民政を得意とする三成とは逆に、清正は武功で認められました。九州平定後には肥後国の半分をあたえられ、名城としてほまれ高い**熊本城**を築きました。隣の肥後の半分をあたえられたのは小西行長です。

戦《いくさ》を得意とする加藤清正は、文禄の役で朝鮮半島最北部まで攻め入り、朝鮮の王子二人を捕らえるほどの勇猛ぶりを見せました。しかし、石田三成と小西行長らが和平交渉を進めると、その功も台無しにさせられました。漢城、さらに釜山にまで撤退せざるをえなくなり、二人の王子も返すことになったのです。朝鮮に領土を求めていた清正にとって、これは大いに不満をのこす結果でした。

こうして**加藤清正や福島正則《まさのり》・黒田長政といった武断派の大名と、石田三成や小西行長らの文吏派の大名がはげしく対立**するようになりました。

たとえてみれば、急死した秀吉先生のクラスの男子が、スポーツ系グループと文化系グループに分かれてケンカしているようなものです。学級委員の石田三成は、先生の子の秀頼に忠義を尽くします。しかしそれも、スポーツ系男子にはうさん臭く見えました。なぜなら秀頼はまだ幼稚園児で、三成が自分の地位を維持するために利用しているように見えたからです。

62歳の前田利家は病におかされながらも、秀吉から託された秀頼を後見していました。それが1599年に大坂城で亡くなると、翌日、加藤清正や福島正則たちは石田三成を襲撃しました。間一髪で逃げ出した三成は大坂から佐和山城へ避難しましたが、五奉行からは脱落することになりました。

利家の死に家康は喜びます。利家は秀吉がもっとも信頼をおく大名で、家康につぐ地位にあったからです。これを機に家康の振るまいは一段とずうずうしくなりました。

まず前田家をついだ利長《としなが》に謀叛の疑いをかけ、「異心がないならその証しに母親を江戸に送れ」と命じました。利長はこれに従います。前田家は家康にひれ伏しました。

❖のんびり向かった家康の上杉征伐

次に家康がターゲットとしたのは五大老のひとりである**上杉景勝**でした。秀吉は死ぬ前に景勝の領地を倍増させ、越後から会津120万石に移してやりました。家康を背後から牽制させようとの狙いです。家康はこの上杉氏にも謀叛の疑いをかけて上洛を命じますが、景勝は応じません。そこで**家康は1600年6月、上杉討伐軍をおこし、軍勢をひきいて大坂を発ちました**。

ここで家康が巧妙だったのは、上杉討伐が家康の私戦《しせん》だというのに諸大名をひきいて向かったことです。しかもその大名は福島正則・黒田長政・池田輝政《てるまさ》といった豊臣恩顧の大名たちでした。そもそも家康には、大名をひきいる軍事指揮権すらあたえられていません。にもかかわらず上杉討伐にかこつけて、諸大名の上に立つことを既成事実化してしまったのです。

このとき上杉景勝は、白河の南に長い防塁を築いて家康との戦いに備えました。なるほどこの反抗的な姿勢に家康は怒ったのだな……とも思いますが、そのわりに家康の歩みは不自然なノロさでした。途中で悠々と鷹《たか》狩《が》りを愉《たの》しむほどです。それはまるで何かを待っているかのような足取りでした。

❖三成の挙兵と「鑑」とよばれる二人

家康が大坂からいなくなった隙に**石田三成**が動きだしました。7月、三成は**豊臣政権から家康を排除するクーデター**をおこしたのです。家康への対抗馬として、中国地方１２０万石の大名・**毛利輝元**をかつぎ出し、**宇喜多秀家**の賛同も取りつけました。これで五大老のうち毛利・上杉・宇喜多の三人が味方についた形です。三成は家康が秀吉の遺命に背いていることをいくつもあげつらい、諸大名に向かって「家康討つべし！」と呼びかけ、ついに挙兵したのです。

家康が背いていたのは、たとえば秀吉が定めた「大名間の無届けの婚姻の禁止」です。家康は伊達政宗・加藤清正・福島正則など何人もの大名と政略結婚の話を進めていました。つまり家康は彼らを自分の側につかせようとしていたのです。そのうえ秀吉子飼いの大名に強い影響力を持つ、秀吉の正妻・**北政所**《きたのまんどころ》にも接近していました。

家康は三成が挙兵することなど想定済みでした。むしろ誘っていたと言えるでしょう。三成らと戦うとなれば軍を大坂方面に引き返さなければなりません。どうりで歩みがノロかったわけです。

家康を咎め立てる石田三成は、すぐさま上杉討伐に同行した大名家に人質を出すよう求めました。このとき諸大名は妻子を大坂の屋敷に置いていたので、それを大坂城内に移そうとしたのです。

ここで一つの悲劇がおこりました。**細川忠興**《ただおき》の妻が人質になることを拒み死んでしまったのです。その妻は明智光秀の次女で、洗礼名を**ガラシャ**といいました。忠興が家康に従軍していたため三成は大坂の細川邸を兵に囲ませたところ、ガラシャは屋敷に火を放ちました。これは出陣前に「人質に取られることになったら命を絶て」と夫の忠興が言い含めておいたからでした。ガラシャはのちに「武士の妻の鑑《かがみ》」と讃《たた》えられるようになります。逆に三成のほうは人質を殺した形となり、非常にきまり悪いことになってしまいました。

つづいて石田三成たちは**伏見《ふしみ》城**（京都市伏見区）を攻めました。この城はもともと秀吉が晩年に築いたもので、秀吉亡き後は家康が上洛したときに使っていました。上杉討伐に出発する際に家康はここを**鳥居元忠《とりいもとただ》**にあずけました。鳥居元忠は家康が今川氏のもとで人質だったころからの古い家臣で、すでに62歳でした。元忠は自分の役割が十分すぎるほどにわかっており、「どのみち落城するのに多くの守備兵はいりません」と答えたといわれています。ここが死に場所とばかりに奮戦し、元忠は戦死しました。このため鳥居元忠は「三河武士の鑑」と讃えられました。

❖豊臣恩顧の大名たちがいっせいに態度を変えた小山評定

三成挙兵から数日後、その報告を聞いた上杉討伐軍は、栃木県の小山《おやま》でストップしました。こうなったからには上杉討伐など二の次です。大坂にもどらなければなりません。さらに細川ガラシャの悲報も届き、武将たちは三成に対する敵愾心《てきがいしん》を燃やしました。自分の妻子の命がどうなるかさぞや不安にかられたことでしょう。

家康は従軍していた武将を集めて軍議を開きました。これを**小山評定《おやまひょうじょう》**といいます。

家康としては、この軍勢で石田・毛利連合軍と一戦を交《まじ》えたいのですが、従軍しているのは豊臣恩顧《おんこ》の者ばかりです。豊臣秀頼を擁した石田・毛利連合軍を相手に戦うのには無理があります。しかも妻子は大坂にのこしたままですし。

家康は武将たちに言いました。「豊臣家に恩義を感じている者もいるだろう。妻子が心配の者もいるだろう。だからそれぞれ自由にしてよい」と。重苦しい空気が漂います。ところがここで**福島正則**が口を開きました。「三成を許すわけにはいかない！妻子を捨ててでも家康殿につく」と。彼もまた幼少のころから秀吉に仕えた典型的な「子飼い大名」です。それがこの発言をしたというのですから驚きです。ためらっていた他の大名たちもこれに同調し、みな家康方につきました。

このあたりは江戸時代に書かれた軍記物にしか見えない内容なので、美談に仕立てられた可能性もあります。しかし、福島正則が家康についたこと自体は事実です。彼らの心中は次のようなものでした。

「三成たちの行動はけっして幼い秀頼様のご意志にもとづくものではない！」

「このまま石田・毛利政権が確立すれば、我らの領地が没収される恐れがある」

家の存続と妻子の命を天秤にかけたら、家の存続を選ぶのは不思議ではありません。

彼らを味方につけた家康は、上杉軍への押さえとして宇都宮《うつのみや》に子の秀康《ひでやす》をのこし、江戸に向かいました。この家康方を**東軍**、対する三成方を**西軍**と言います。

福島正則たちの先発隊は東海道を西に向かいますが、**徳川秀忠には3万余りの徳川主力軍を預けて中山道《なかせんどう》を進ませました。**この秀忠はのちに江戸幕府2代将軍になる家康の子です。なぜ家康が秀忠に別ルートをとらせたかというと、東海道には大井川など増水時に渡れなくなる川が何本かあったからです。万一の場合にそなえてのリスク分散策で、美濃か近江での合流を想定していました。もっともこの策は、**後に家康を大ピンチに追いこむことになる**のですが。

❖家康が戦い前にすませておきたかった仕事

福島正則らの先発隊に東海道を進ませているのに、当の家康は江戸城に1カ月もの間、留まっていました。諸大名に「味方についてくれたら領地を増やす」と、手紙を送って内応をうながしていたのです。その数は8月だけで87通にもおよびました。

これに対して三成は、単に「豊臣への御恩を忘れるな！」と呼びかけただけでした。

そこが三成の甘さでしょう。たしかに「義」なくして人は動きませんが、「義」だけでも人は動かないものです。見かえりが必要でした。

生前の秀吉はこんなこともあろうかと、家康へのおさえとして関東から大坂に至る東海道沿いに、豊臣恩顧の大名を何人も配置しておきました。ところがその大名たちは今やことごとく東軍についてしまっています。

その言い出しっぺは**山内一豊**《やまうちかずとよ》でした。**小山評定**でまっさきに居城の掛川《かけがわ》城（静岡県掛川市）を家康に差し出すと申し出たのです。その裏には一豊の妻のはたらきがあったといわれています。のちに家康は、山内一豊の所領を約3倍に加増して土佐一国をあたえました。評価の対象は戦場での功だけではないということですね。

さて、福島正則らの先発隊は清洲城に入って家康が来るのを待ちました。しかし、家康はまだ江戸を発とうとしません。家康が豊臣系の武将たちを信じきれていなかったからです。そのため家康は「西軍の城を攻撃して、異心がないことを行動で示せ！」と伝えました。そこで先発隊は奮起し、8月23日に岐阜城を攻め落としました。これを知って安心した家康は、9月1日ようやく江戸を発ちました。

❖東西両軍に分かれて戦った真田家

家康が江戸を発ったころ、中山道を行く**徳川秀忠の軍勢は上田《うえだ》城**（長野県上田市）**で足止め**をくらっていました。ここは**真田幸村**《さなだゆきむら》（**信繁**《のぶしげ》）と、その父・昌幸《まさゆき》が守っていた城です。でも幸村の兄の**信之**《のぶゆき》は、徳川秀忠の軍勢の中にありました。これはどういうことなのでしょう。まず真田家の事情から説明します。

真田昌幸はもともと武田家に所属していました。第四次川中島の戦い（P.68）を初陣《ういじん》に数々の戦《いくさ》に従軍して信玄に認められていきました。武田家の滅亡後は織田信長に従属しますが、すぐに本能寺の変がおこって関東・甲信地方は混乱に陥りました。昌幸は小さな真田家を生きのびさせるため難しい操縦を強いられ、上杉氏、北条氏、徳川氏とつぎつぎに従属先を変えました。

しかし家康は、昌幸が徳川氏につく見返りにあたえるとした所領をあたえないばかりか、真田家の所領を取り上げようとしました。このため昌幸は家康と断交し、上杉氏につきました。１５８５年には**上田城で徳川軍と戦い**、**これを撃破**しています。その後は全国統一を進める豊臣秀吉に従属しました。

こうして1600年の時点での真田家は、上田城を昌幸と二男の幸村父子が、沼田城（群馬県沼田市）を幸村の兄の信之がそれぞれ守る形となっていました。三成挙兵の報が真田家に届くと三人は密談をおこない、意外な結論を出します。それは**昌幸・幸村が西軍に、信之が東軍にそれぞれ分かれてつく**というものでした。

これまで真田家が従属先を何度も変えてきたせいで、幸村は豊臣家重臣の娘を妻にもち、信之は徳川家重臣の娘を妻にもつという関係になっていたからです。そして何より真田家存続のためでした。

❖真田父子に翻弄された徳川秀忠

中山道を進んだ徳川秀忠は、家康の命をうけて上田城の攻撃に取りかかりました。秀忠にとってはこれが初陣だったとされます。真田信之が味方についていることもあって、はじめ秀忠は昌幸にも味方につくよう呼びかけました。昌幸はこれに応じていったん「降参する」と答えたくせに、翌日にはそれを翻しました。秀忠は激怒して上田城への総攻撃を命じます。しかし真田軍はわずかな兵でよく守り、徳川軍を翻弄して城はなかなか落ちません。敵を挑発して誘い込んでは叩く作戦をくり返しました。老獪《ろうかい》な真田昌幸を相手に初陣とは秀忠がかわいそうなくらいです。家康としてはこの機に真田家を叩いておきたかったのでしょうが、そんなにラクに倒せる相手ではありませんでした。

上田城攻めに1週間も費やしてしまった秀忠は、重臣からの進言で城攻めをあきらめました。面目丸つぶれです。**徳川軍はふたたび真田軍に敗れた**のです。

しょげる秀忠のもとに家康から衝撃の手紙が届きました。そこには「わしは9月1日に江戸を発つから美濃で合流せよ」とありました。しかしその日はもう9月9日。秋の長雨のせいで手紙が届くのが遅れてしまっていたのです。

秀忠は焦りました。「父はあと3日ほどで美濃に着くんじゃないか？　こっちは急いでも……1週間？　ヤバい！」と。現代の若者なら「オヤジぃ、今ごろ言われてもムリだから」と突き返しそうなものです。しかし実直タイプの秀忠は「言いわけは通じない」と、上田城攻めに手間取った自分を責めました。

そのとき**家康はすでに岡崎城**（愛知県岡崎市）**にいました**。秀忠は昼夜問わず急ぎますが、3万を超す軍勢では信濃の狭い山道を走ることもままなりません。秀吉のようなマラソン大会を主催する力量など、初陣の秀忠にはあろうはずもなかったのです。

❖家康と三成、それぞれの決断

決戦の日は近づいていました。**石田三成らの西軍は大垣城**（岐阜県大垣市）**に集結**し、その北西5㎞ほどの位置に東軍先発隊が陣を張りました。あとは家康の到着を待つばかりです。

しかし家康のほうは困り果てていました。9月11日に清洲城に入ったものの、秀忠が来ないのです。家康は3万の軍勢をひきいていましたが、それは寄せ集めの兵ばかりで、これまで数々の戦いをともにしてきた**徳川家の主力部隊はここにはいません**。秀忠のもとに預けてあるのです。

たとえばこのとき家康のもとには、徳川最強とうたわれた本多忠勝がいましたが、忠勝のひきいる兵は雑兵ばかりでした。なぜなら主力兵は嫡子の忠政《ただまさ》に託してあり、それは秀忠に従軍しているからです。そんな具合で家康の手持ちの兵で、先頭に立って戦えるのは実質6千ほどしかいませんでした。家康の悩みは深く、風邪と称して一日引きこもったほどです。

結局、家康は秀忠を待つのをあきらめました。時間を引きのばすと大坂城から西軍の総大将・毛利輝元が出てくるかもしれないからです。万が一豊臣秀頼まで出てくるようなことがあれば、豊臣系の大名たちが反旗を翻しかねません。家康は気持ちを切りかえ、13日に清洲城を発ちました。そして翌日、東軍先発隊と合流しました。

家康がさっそく軍議をおこなうと、大垣城への城攻めは時間のムダと意見が一致しました。石田三成の居城の佐和山城を落とし、大坂城にいる毛利輝元に決戦を挑もうとの考えです。しかも大垣城を無視して佐和山城を攻める姿勢を見せれば、三成が焦って城から出てくるだろうとの腹もありました。かつて家康が城からおびき出されて信玄に負けた三方ヶ原の戦い（P．173）の逆をやろうというわけです。

大垣城の三成たちも東軍の方針を察知してすぐに軍議を開きました。「敵は長旅で疲れているからすぐに夜襲をかけよう」とか、「東軍を後ろから叩こう」とか、「総大将の出陣を待とう」などの意見が出ましたが、三成は「関ヶ原で迎え撃とう」と正攻法を主張しました。

山あいの地にある関ヶ原は東西交通の要衝で、奈良時代には不破《ふわ》の関がおかれ、**壬申《じんしん》の乱**ではここをおさえた天武天皇が勝利しています。しかもそこには**小早川秀秋《こばやかわひであき》**などすでに陣を敷いている大名がいます。今から急げば東軍に先回りできるでしょう。小高い丘に陣取れば、東軍を囲い込む絶好の陣形がとれます。

14日夜、石田三成たちは雨の中を敵に気取《けど》られないようにわざわざ南を迂回し、関ヶ原に陣を敷きました。西軍の動きを知った家康も夜中に軍勢を移動させました。こうして東軍約7万と西軍約8万の兵たちは、ともに朝を待ったのです。

❖東軍の勝利を決定づけた小早川秀秋の寝返り

1600年9月15日朝8時、霧が立ちこめる中で戦闘は始まりました。先陣を切ったのは東軍の井伊直政《いいなおまさ》隊です。抜け駆けして西軍の宇喜多秀家隊に攻めこみました。事前の予定では福島正則が先鋒と決まっていましたが、それではこの戦いが豊臣家の家臣どうしの戦いとなってしまいます。自分が豊臣方を倒したという形に持ちこみたい家康は、密かに配下の井伊直政に抜け駆けを命じました。

現代の日本人は何かと互いに譲り合って「どーぞ、どーぞ」とやりますが、戦国の合戦ではまったく逆で一番槍が大変な栄誉でした。それを踏みにじる抜け駆けは厳禁です。にもかかわらず抜け駆けを命じたところに家康の焦りがかいま見えます。

戦いははじめ西軍が優勢でした。しかし戦っているのは宇喜多秀家・石田三成・小西行長・大谷吉継《おおたによしつぐ》ら一部の軍勢だけで、まもなく一進一退となりました。これではせっかく包囲陣形をとった意味がありません。**東軍の背後にある南宮山《なんぐうさん》の吉川・毛利・長宗我部隊も、東軍の側面を突く位置にある松尾山の小早川隊もみな動かない**のです。これでは家康を袋のネズミにする作戦が台無しです。

彼らが動かないのは、家康が事前に寝返りを誘っていたからでした。焦る三成は、のろしを上げて彼らに参戦をうながします。とりわけ重要なのは1万5千の大軍をひきいる小早川秀秋でした。しかし直接使者を送っても動きません。

このとき動かなかった吉川・毛利・小早川は「毛利両川《りょうせん》（P．132）」の3家です。そのトップたる**毛利輝元**が西軍の総大将だというのにこれはどういうことでしょう。生前に毛利元就は「毛利は中央に覇《は》を唱えてはならない」つまり「天下を取ろうとしてはいけない」と遺言したとされます。その真偽はともかく、西軍総大将の毛利輝元がこの戦いに本気で挑んでいなかったことは間違いありません。彼はこの戦場にも来ていませんし、のちにあっさり引き下がることからもそれがわかります。

いっぽう南宮山に陣取っていた毛利秀元《ひでもと》は輝元の養子です。秀元には戦う気持ちがあったようですが、**吉川広家**《きっかわひろいえ》が前に陣取って邪魔しました。広家は朝鮮出兵の際に福島正則や黒田長政らと親しくなり、石田三成に対して反感を持っていたのです。このため西軍に参加することからして反対しており、家康とも通じていました。

そして肝心の**小早川秀秋**は豊臣秀吉の正妻・北政所の兄の子で、秀吉の養子となった後、小早川隆景の養子となりました。おかげで35万石もの領地があたえられ、大軍を動員できたので

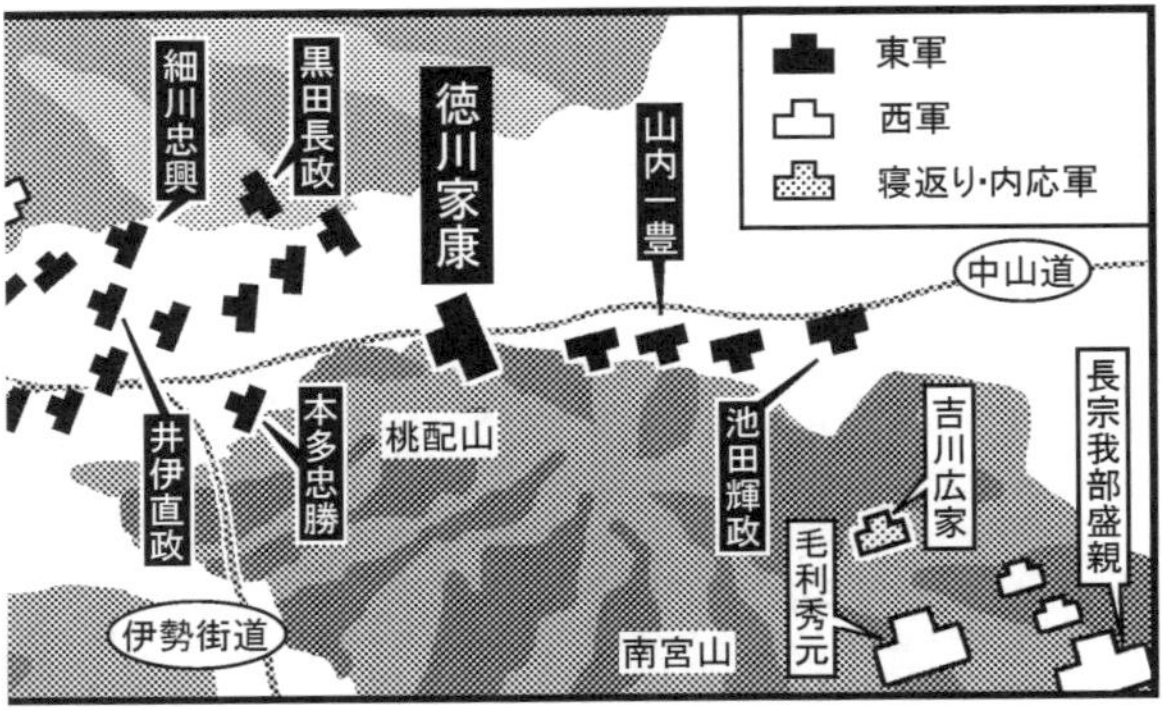

す。三成としては「豊臣家の近親者なのだから西軍につくのが当然」との思いがあったのでしょう。しかしこの秀秋も家康に通じていました。

結局、吉川隊におさえられて毛利隊や長宗我部隊は動かずに終わり、**小早川秀秋は家康に促されて東軍に味方して参戦**しました。なかなか寝返らない秀秋に対して家康もいらいらしていたようで、しきりに誘いをかけていました。

小早川隊が動いたのは正午ごろです。松尾山から駆け下りて西軍の大谷吉継隊を側面から攻撃しました。これを見て様子をうかがっていた他の隊たちもつぎつぎと東軍に寝返ります。形勢はいっきに東軍有利となり、家康はここぞとばかりにみずからの本隊を突撃させました。西軍はただ一隊をのぞいて総崩れとなりました。

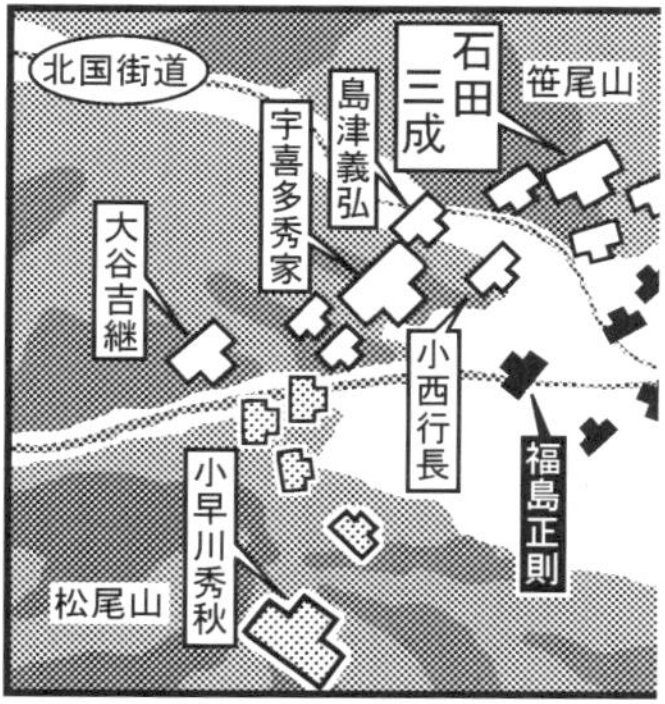

●関ヶ原布陣図

❖島津軍の壮絶な敵中突破

戦場のまっただなかに孤立してのこっていたのは**島津義弘隊**でした。義弘は第5章で紹介した島津四兄弟の二男です。島津家臣団には秀吉に対して不満を持つ者が多く、秀吉からさまざまな役を命じられてもまともに奉公してきませんでした。朝鮮出兵には遅刻するし、兄のかわりに在京する義弘のもとにもわずかな供しかおらず、他の大名とくらべて秀吉への貢献度が劣っていました。それゆえ義弘は、「何か不手際《ふてぎわ》があったら島津家は取りつぶされてしまうかもしれない」と心配していたほどです。

関ヶ原の戦いでも義弘がひきいたのはわずか1500の兵で、島津家の石高からすれば少なすぎでした。それもあってか島津隊は開戦後も戦おうとせず、攻撃してきた者だけを打ち払っていました。しかし西軍はみな敗走し、島津隊は窮地《きゅうち》に立たされたのです。こうして島津隊の撤退戦「**島津の退《の》き口《ぐち》**」が始まりました。

撤退戦が難しいのはこれまで述べてきたとおりです。ここで島津義弘は、兵たちに正面の敵中突破を命じました。少ない兵ではあっても、彼らは無理に集められた雑兵ではなく、義弘を慕ってきた者たちでした。必死の覚悟で走り抜ける彼らに、福島正則隊はたじろぎました。福島隊をかわして家康本陣の脇を通り抜けると、後ろから井伊直政や本多忠勝が追ってきます。島津隊は井伊直政に鉄砲を撃ち、みごと落馬させました。敵を引きつけようと、みずから大将の替え玉となって死ぬ者もいました。

こうして身を賭す覚悟の兵たちが、文字どおり「必死」に追っ手をくい止めながら、大将の義弘は戦場を離脱しました。義弘はその後、右往左往しながら大坂にたどりつき、人質となっていた妻子らを連れて大坂から船で薩摩に帰り着きました。そのとき義弘に従う者は、数十人になっていたと言われています。

❖それぞれの関ヶ原

戦いは関ヶ原以外でもおこっていました。**大津城**（滋賀県大津市）の京極高次《きょうごくたかつぐ》ははじめ西軍に従っていましたが、寝返って籠城しました。これを9月12日に**立花宗茂**《たちばなむねしげ》ら1万5千の兵が包囲して攻め立てると14日に開城し、翌日朝に城を出て寺に入りました。「こんなにあっけなく降参するなんて、一体何をしたかったんだ？」と首をかしげませんか？　ところがこれが非常に大きな意味をもったのです。それは**京極高次が城を出たのが関ヶ原の戦いのまさに当日だった**からです。

ここで城攻めをしていた立花宗茂は大変強い武将でした。もし関ヶ原にいれば西軍が勝っただろうとも言われるほどです。大津城を開城させた宗茂は合戦当日には草津まで来ていました。そこは関ヶ原までわずか60㎞。1日でたどり着ける距離です。つまり何かが1日ずれていたら、立花宗茂が関ヶ原に現れていたかもしれないのです！

この立花宗茂はやむなく九州にもどります。そこでは関ヶ原の戦いの直前から、**黒田官兵衛（孝高・如水）**があばれていました。子の黒田長政が東軍に属すと、父の官兵衛も浪人を多数雇い入れ、西軍に属した大名の城を次々と落としていたのです。関ヶ原の戦いが終わった後もまだ戦いつづけ、立花宗茂の籠もる柳川城《やながわ》（福岡県柳川市）も攻め落としました。官兵衛は「西軍は関ヶ原で負けてもまだ大坂城でねばるだろう」と思っていたようです。

九州では熊本の**加藤清正も東軍に味方**しました。西軍の小西行長の宇土城《うと》（熊本県宇土市）を落とし、黒田官兵衛とともに柳川城を攻撃しました。

こうした戦いは東北や北陸でもおこっており、実に**全国の大名が東西両軍に分かれ**

て戦ったのです。

そして肝心の西軍総大将の**毛利輝元**ですが、自分の身の安全と領地を減らさないという約束を家康から取りつけると、大坂城を退去してしまいました。関ヶ原の戦いからわずか10日後のことです。祖父の元就は、尼子・大内を相手にねばり強く戦ったというのに、なんともあっさりした、いや、無責任な総大将でした。

敗軍の将のゆくえと論功行賞

関ヶ原の戦いで敗れた西軍の者たちのゆくえを見てみましょう。まず戦場からやや離れて動かなかった吉川・毛利・長宗我部らの隊は、そのまま退却していきました。**石田三成**と**小西行長**は伊吹山《いぶきやま》山中を逃げたものの捕らえられ、京都六条河原で処刑されました。**宇喜多秀家**は伊吹山山中に潜んだ後、薩摩まで逃げのび、のちに死罪を免れ八丈島に流されました。島ではなんと50年も生きのびます。

上田城の**真田昌幸・幸村**父子は、長期戦になることを想定して戦略を練っていたものの、決戦がわずか一日で終わってしまったため降伏しました。その後、真田父子は高野山《こうやさん》（のち九度山《くどやま》）へ追放されました。

遅刻した**徳川秀忠**は、家康が9月20日に大津城に入ったところでようやく追いつきました。怒った家康は3日間も会おうとせず、秀忠はへこまされました。徳川家臣団の面々も地団駄を踏んだはずです。関ヶ原の戦いにまったく貢献できないばかりか、主君の家康をピンチに陥れたわけですから。このため彼らは自分たちが別の戦いで豊臣軍を討ち破ったことをアピールせざるをえなくなりました。それが**小牧・長久手の戦い**だったのです（P.209）。

毛利輝元が出ていった後の大坂城に入った家康は論功行賞《ろんこうこうしょう》をおこないました。西軍の大名の所領をうばって東軍の者たちに分けあたえたのです。総大将だった**毛利輝元**は結局とがめられ、8カ国120万石あった領地が周防・長門2国の30万石に大きく削られました。これと同じなのが**上杉景勝**です。会津120万石から米沢30万石に移されました。戦わずに戦線を離脱した**長宗我部盛親**も領地をすべて没収されました。こうなるくらいならよっぽど戦ったほうがましだったのではないでしょうか。「吉川隊に前をふさがれて動けなかった」と言うのでは武士の名折れの気がします。

全国的には西軍についた大名のうち、88家から領地をすべて没収し、5家の領地を削減しました。没収した所領は計６００万石を超え、全国の総石高の三分の一にも達しました。家康はこのうちの8割を東軍に味方した大名らにあたえました。しかしこれは実に皮肉な結果です。**最大の功労者である福島正則をはじめとする豊臣系の大名の勢力を強めたとも言える**からです。　家康はじくじたる思いだったでしょう。

そしてこの領地問題が一番長引いたのが島津家でした。当主の義久に何度も上洛するよう命じてもなかなか応じません。島津家臣団には中央の情勢など気にもせず、秀吉や家康を「何するものぞ」とばかりに強気な者が多くいたからです。彼らの「井の中の蛙」ぶりを、当主の弟の島津義弘は危ないと感じていました。

家康とのやりとりは2年もつづけられました。さすがにそろそろ応じないと島津家が討伐対象になってしまうかもしれません。義弘の実子で、義久の養子となっていた忠恒《ただつね》（のち家久《いえひさ》）は、危険を感じて自分が上洛すると言い出しました。反対する者たちをふり切って忠恒が上洛すると、家康は島津家を許し、忠恒を新たな当主として認めました。なんと島津家は本領安堵、つまり領地はそのままとなったのです！　**西軍に属しながら領地を減らされなかったのは島津家だけ**でした。

江戸幕府のはじまりと豊臣氏の滅亡

関ヶ原の戦いの勝利で、家康は天下人《てんかびと》たることを世に示すことができました。１６０３年には征夷大将軍に任命され、江戸幕府をひらきます。しかしそれだけではまだ豊臣家の上に立ったとは言いきれませんでした。

❖豊臣家をこえて征夷大将軍になった家康

家康は、石田三成や毛利輝元の行動を認めた**豊臣秀頼**をとがめ、領地を三分の一に減らして直轄都市や金銀山を取り上げました。それでもなお秀頼が成人したら関白になるという既定路線は崩れていませんでした。**家康がまだ秀頼を乗りこえていない**ことは論功行賞《ろんこうこうしょう》の形式にもあらわれています。領地をあたえるのに家康は文書を出さず、単に口頭で伝えただけでした。これはまだ家康が正式な文書を出せる立場になかったことの証しです。

このためどうやって秀頼を乗りこえるのかが課題となりました。秀吉と同じ関白につけば叛逆《はんぎゃく》者の汚名を着せられかねません。下剋上を終わらせたい家康としては、あからさまな「簒奪《さんだつ》」行為は避けたいところです。そこでとった策が征夷大将軍になることでした。これは武家の棟梁《とうりょう》を意味する官職なので、諸大名を統率することともつじつまが合います。源頼朝の例にならって全国支配も正当化できそうです。

こうして1603年、**家康は朝廷から征夷大将軍に任命され、江戸に幕府をひらきました**。慎重な家康は同時に孫娘の**千姫《せんひめ》**を秀頼に嫁がせ、豊臣家を尊重する姿勢を見せました。

つづいて家康は、徳川家による支配を安定させたいと考えました。権力の継承が難しいことは、すでに織田家や豊臣家で見てきたとおりです。その二の舞はごめんです。そこで家康はわずか2年後に将軍職を子の**秀忠**にゆずりました。家康には多くの男子がいましたが、戦《いくさ》はヘタでも実直なほうが二代目にはふさわしいと考えました。

これに驚いたのが豊臣家でした。秀頼の母の**淀殿**らは、秀頼が成人するまで一時的に天下を家康にあずけているだけと考えていたからです。それを逆に家康は、徳川家が代々将軍職を保ちつづけることを世に示しました。

このころの徳川家と豊臣家の緊張状態は、全国の築城ラッシュにもあらわれています。実は日本を代表する名城は、関ヶ原の戦い後から豊臣家が滅ぶまでの間に築かれたものばかりです。徳川と豊臣はいずれ一戦交えることになるだろうと、誰もが予想していました。

❖二条城で会見した家康と秀頼

かつて秀吉は大坂城を天下普請で築城しました（P.209）。それと同じく家康も諸大名に命じて彦根城や駿府城などをつくっていきました。関ヶ原の戦い後には戦《いくさ》がなくなったため、家康の軍事指揮権を別の形で見せる必要があったとも言えます。

1610年には大坂城へのおさえとして**名古屋城**を天下普請で築きます。家康は豊臣秀頼にも築城に協力するよう求めますが、母の淀殿が猛反対して応じません。そこで翌年、家康は絶妙な策をくり出しました。諸大名に対して「後水尾《ごみずのお》天皇の即位のお祝い式のために上洛するから、お前たちも二条城に来い」と命じたのです。このできごとのポイントは、**家康のいる二条城に秀頼にも来させた**ことです。

こうした面会では下の者が上の者の元を訪ねるのが基本なので、これは豊臣家が徳川家の下にあることを認めた形になります。しかし朝廷のお祝い事のついでに、秀頼が二条城に立ち寄ったという解釈も可能です。しかも豊臣恩顧の大名たちもいるので安全です。ギリギリ別の解釈も成り立つ「公開マウンティング」だったのです。

このあと諸大名は、徳川将軍に対して臣従を誓う文書に署名をしました。秀頼自身はこれに署名していないため、まだ徳川家に臣従すると公式に認めたつもりはないのでしょう。しかし人びとの目には、これで徳川家と豊臣家の上下関係がキマったと映ったはずです。

❖釣り鐘の文言を理由に豊臣氏を滅ぼしにかかった

領地を大きく減らされたとはいえ、豊臣家は秀吉時代に蓄えたばく大な金銀を大坂城内に持っていました。家康はこれを消費させるために、**方広寺《ほうこうじ》大仏**を再建するよう勧めました。この大仏は刀狩りの名目としてつくられたものですが、その後に大地震でこわれ、秀頼が再建に取り組んだものの今度は失火によって焼失してしまいました。

職人の火の不始末が原因だったというのですが、にわかには信じられません。それでも豊臣政権の継承者としての威信を示すため、秀頼は再建にとりかかりました。

1614年、この方広寺の釣り鐘《がね》が大問題となりました。釣り鐘に刻まれた文章中に**「国家安康《こっかあんこう》」**と**「君臣豊楽《くんしんほうらく》　子孫殷昌《いんしょう》」**という言葉があったからです。「国家安康」は「家康」の名前を「安」の字で引き裂いており、「君臣豊楽　子孫殷昌」は豊臣を君として子孫の殷昌（繁栄）を楽しむと読めるのです。家康はこれを「豊臣家が徳川家を滅ぼそうとしている証拠だ！」と怒り、「大坂城を攻撃する！」と言い出しました。豊臣家がいくら弁明しても応じません。戦いは避けられない状況となりました。

ちなみにこれほど問題にしたわりには、家康はこの釣り鐘を鋳《い》つぶしたりはしませんでした。なんと今でもそのままのこっています。

大坂方は戦いに備え、豊富な資金を使って兵を雇い入れました。このころには戦に乗じた略奪もできなくなっていたので、浪人・町人・百姓たちはこうした臨時バイトに大喜びです。大坂城には人が群がりました。そこにはスカウトされてやってきた**真田幸村**や、関ヶ原の戦いで領地を没収された**長宗我部盛親**らの姿もありました。しかし、大名は誰一人この誘いに乗りません。みな徳川方につきました。

豊臣恩顧の大名たちはどうしたのでしょう。**福島正則**は豊臣家の誘いをスルーしました。関ヶ原の戦いから14年がすぎ、現状が心地よくなったのでしょうか。

いっぽう**加藤清正・浅野長政・前田利長・池田輝政**らは、すでに亡くなっていました。やけに早くありませんか？　浅野長政以外は50歳前後で、家康より20歳ほど若いのです。昔の人の寿命は短いと思われがちですが、それは戦や飢えなどの悪条件下で死ぬからであって、良い生活環境にあった大名なら60代まで生きた人も多いのです。伊賀忍者服部半蔵らが闇仕事をはたらいたとは言いませんが、清正たちの死はちょっと不自然な気もします。

❖豊臣家を滅ぼした大坂冬の陣・夏の陣

三方を海と川に囲まれた**大坂城**は、かつて石山本願寺があった要害の地に建つ城です。城攻めに長けた秀吉がつくっただけあって実に堅固でしたが、援軍が期待できなければ籠城は不利です。そこで**真田幸村**は積極的に討って出ることを意見しました。

しかし、二度も徳川軍相手に戦って引けを取らなかった父の真田昌幸なら別でしょうが、昌幸はすでに亡く、経験の浅い幸村の意見は通りませんでした。

結局、秀頼の側近・**大野治長**《おおのはるなが》らの意見で籠城することになりました。幸村は代わりの策として、防御の弱い南側の堀の外側に大きな出城《でじろ》をもうけました。急ごしらえのわりには大きく、なんと5千名が駐屯したといわれます。武田流築城術にあった丸馬出（P.66）を巨大化したようなもので、「**真田丸**」と呼ばれました。もっともここを真田幸村にあずけることにも反論があったといいます。幸村の兄の信之が徳川方に属しているから、信用できないという理由です。なんともやるせない話です。

戦闘は1614年11月に始まりました。このためこの戦いを**大坂冬の陣**と言います。大坂方13万、徳川方30万の兵がぶつかりました。真田幸村らの活躍もあって城はなかなか落ちません。徳川方にもかなりの死傷者が出ました。

そこで家康はいったん講和することにしました。兵を引くかわりに家康は、「大坂城の外堀を埋めさせろ」と迫ります。幸村たちは大反対しましたが、居所に大砲を撃ちこまれて動揺した淀殿はこれを受けいれました。しかし**家康は約束をたがえ、外堀だけでなく内堀まで埋めてしまいました**。これでは城が丸はだかです。

翌年、大坂方はふたたび浪人たちを雇い入れ、堀をほり返しはじめました。この態度に家康は怒り、秀頼に対して召し抱えた浪人を放つか、国替えに応じるかのどちらかを選ぶよう迫りました。大坂方がこれを断ると、4月に大坂城攻撃を再開しました。この二度目の戦いを**大坂夏の陣**といいます。

すでに堀が埋め立てられてしまった以上、籠城したところで守りきれません。城から討って出ました。しかし雇い入れた者の中にスパイがいて、作戦は徳川方に筒抜けでした。のちに軍学書『甲陽軍鑑』を著す小幡景憲《おばたかげのり》はその一人で、大野治長の誘いで大坂方に属しながらも裏では徳川方に内通していました。これではどうにもなりません。

真田幸村は最後の手段として**豊臣秀頼**に出馬するよう願い出ました。父の秀吉とは違い秀頼は巨漢で見た目は頼もしく、戦場に出れば士気が高まると考えたのです。敵方の豊臣恩顧の者にも影響をおよぼせるかもしれません。しかし、淀殿と大野治長が許しませんでした。この期《ご》におよんで何をおびえているのでしょうか。あきらめた幸村は手勢とともに家康本陣を何度も突いたものの、力つき、戦死しました。

いよいよ追いこまれた淀殿たちは、秀頼の妻の千姫を実家の徳川方に送り返し、そのついでに助命を願い出ました。しかし拒否され、秀頼と淀殿はともに自害。大野治長もあとを追いました。こうして豊臣家は滅んだのです。

その後家康は、将来に禍根《かこん》をのこさぬよう秀頼の遺児をさがしだし、処刑しました。豊臣家のシンボル大坂城は完全に破壊され、のちに石垣も何もかも完全に覆った上に、ひとまわり大きなまったく新しい大坂城がつくられました。

❖家康の締めくくり

大坂夏の陣が終わった1615（元和1）年、ついに平和が訪れました。これを「**元和偃武**《げんなえんぶ》」と言います。「偃武」とは「武器をおさめて用いない」という意味です。

すでに74歳だった家康は、徳川家による安定政権をつくるため人生最後の仕事にとりかかります。まず諸大名に向けて**一国一城令**《いっこくいちじょうれい》を出しました。大名の居城だけのこし、それ以外の領国内の城を破壊させたのです。これで大名たちは徳川家に対して反乱をおこしづらくなるはずです。しかし理由はほかにもありました。領国内に支城がなくなれば、大名の家臣も主君に対して反乱をおこしづらくなります。重臣たちは城下町の武家屋敷に住むことになりました。こうして将軍―大名―家臣という3つの格差を広げて下剋上をふせぎ、秩序の安定をはかったのです。

つづいて家康は、大名が守るべき基本法として**武家諸法度**《ぶけしょはっと》を定めました。これは**金地院崇伝**《こんちいんすうでん》というお坊さんにつくらせたものですが、将軍秀忠からの命令として出させました。大名たちに「これからは秀忠が主君だぞ」とアピールしたわけです。

その中には「居城を修理する際には届け出なければならない」とか「勝手に婚姻関係を結んではならない」といった規定があります。これまでの反逆をふまえていることがよく見えますね。

このほかにも家康は、キリスト教を禁ずる**禁教令**、朝廷向けの基本法として**禁中並公家諸法度**《きんちゅうならびにくげしょはっと》、寺院向けには**寺院法度**などを定め、およそ260年続く江戸幕府の基礎を築きました。そこまでやり遂げたうえで1616年に亡くなりました。この「やりきった感」には驚くばかりです。家康の遺体はいったん静岡県の久能山《くのうざん》に葬られ、のちに**日光東照宮**《にっこうとうしょうぐう》に移されました。

平和のおとずれ

1637年におこった島原《しまはら》の乱を最後に日本は「泰平《たいへい》の世」を迎えます。はてしなくつづくかに見えた殺し合いの連鎖が、ついに終わりを告げました。それはどうしてだったのか、かけ足で見てみましょう。

❖反乱をおさえるための武断政治と島原の乱

大名の反発をおそれる幕府は、ルール違反を犯した大名を次から次へと**改易**《かいえき》(領地没収)しました。幕府の恐ろしさを見せつけることで、反抗する者をおさえつけようとはかったのです。

関ヶ原の戦いでもっとも徳川方に貢献した**福島正則**は、居城の広島城を無断で修復したことを咎められ1619年に改易されました。同じ秀吉子飼いの大名・**加藤清正**の子も、1632年に江戸への参勤途中の品川で突然改易処分をうけました。その理由は定かではありません。他にも多くの大名家が改易され、3代将軍家光の時代までに約120もの大名家が取りつぶされました。

その家光の時代には**島原の乱**がおこりました。過酷な年貢負担と禁教政策に対する反発から、島原・天草の農民とキリシタンが、1637年に一揆をおこしたのです。一揆勢3万7千人が**原城**（長崎県南島原市）に立て籠もりましたが、約4カ月後に幕府軍に鎮圧されました。

❖武力で脅すのをやめて文治政治に転換

改易された大名家から放り出された家臣は路頭に迷います。どこか別の大名家に仕えなければ生活が破綻します。こうした**牢人**（**浪人**）が大量に発生するなか、3代将軍家光が没した1651年に**由井正雪《ゆいしょうせつ》の乱**がおこりました。牢人たちが幕府転覆をはかったのです。

大名の反乱を防ぐためにおこなった改易のせいで、今度は「牢人」という新たな危険分子が増えていたとは皮肉です。危険を感じた**幕府は改易を減らす政策に転換し、**

力で圧する武断《ぶだん》政治をやめました。江戸幕府が始まってすでに半世紀。幕府の支配も軌道に乗り、大名の反乱を過剰に警戒する必要はもうありません。そこで上下の秩序を重んじる儒学をベースに**文治《ぶんち》政治**に転換しました。たとえばこれまで大名家から重臣の子を人質に取っていたのをやめました。

5代将軍綱吉の時代には**武家諸法度**の冒頭を改めました。これまで「文武弓馬《ぶんぶきゅうば》の道、もっぱら相嗜《あいたしな》むべきこと」となっていたのを「文武忠孝を励まし、礼儀を正すべきこと」に改め、大名に「武威《ぶい》」ではなく「**忠義と孝行と礼節**」を求めたのです。

❖食糧不足の解消で平和を謳歌できた元禄時代

秀吉の刀狩り後も村は武器を持っていました。江戸時代にも用水や山をめぐる村どうしの紛争はあり、その際に武器が使われていました。それを4代将軍家綱のときから紛争に武器を用いるのを禁じ、支配者の裁きにゆだねるよう求めていきました。

百姓たちの紛争の背景には食糧不足がありましたが、それも解決されていきました。5代将軍綱吉の時代、政治の安定を背景に経済がめざましく発展する「**元禄《げんろく》時代**」を迎えます。新田開発がさかんにおこなわれて耕地面積が拡大し、農具の改良や農業技術をしるした農書の普及によって生産量が格段に増えたからです。

流通の発達も大きな意味をもちました。飢饉がおこる原因は凶作よりもむしろ「食糧を得る能力がないせいでおこることが多い」という研究結果があります。つまり食糧があまっていても、輸送の難しさや情報不足のせいで食糧を得られないというのです。それがこのころには沿岸航路が整備されて、各地の産物を大坂や江戸に運びやすくなりました。遠く離れていても商品価格が均一になっていったほどです。

そして思わぬものが平和に貢献していました。約20年にわたって出された**生類《しょうるい》憐《あわれ》みの令**です。これは悪法と言われがちですが、犬をはじめすべての動物（捨て子までも！）を大切にするよう命じた法令でした。他人の飼い犬でさえも斬り殺す乱暴者が処罰されたのはもちろん、犬を食べる習慣もなくなりました。

こうして残虐な行為は減り、日本国内の大規模な戦闘は幕末までなくなります。**世界史的にもまれな、200年をこす「泰平の世」**がつづくのです。それは戦国の世が生んだ反動でもあったのではないでしょうか。

主要参考文献

池上裕子『戦国の群像（日本の歴史）』集英社、1992
朝尾直弘（編集）、石井進（編集）ほか『岩波講座 日本通史〈第10巻〉中世（4）』岩波書店、1994
池上裕子（編集）、小和田哲男（編集）、小林清治（編集）、池享（編集）、黒川直則（編集）『クロニック戦国全史』講談社、1995
藤木久志『戦国の村を行く』朝日新聞社、1997
山本博文『島津義弘の賭け』中央公論新社、2001
神田千里『戦国乱世を生きる力 日本の中世（11）』中央公論新社、2002
稲葉継陽、榎原雅治ほか『村の戦争と平和　日本の中世（12）』中央公論新社、2002
蔵持重裕『中世 村の歴史語り─湖国「共和国」の形成史』吉川弘文館、2002
池享（編集）『日本の時代史（13）天下統一と朝鮮侵略』吉川弘文館、2003
歴史学研究会日本史研究会（編集）『日本史講座（5）近世の形成』東京大学出版会、2004
藤木久志『雑兵たちの戦場 中世の傭兵と奴隷狩り』朝日新聞社、2005
黒田基樹『戦国大名の危機管理』吉川弘文館、2005
小和田哲男（監修）『週刊ビジュアル日本の合戦』講談社、2005～2006
清水克行『喧嘩両成敗の誕生』講談社、2006
小島道裕『信長とは何か』講談社、2006

黒田基樹『百姓から見た戦国大名』筑摩書房、2006
笠谷和比古『関ヶ原合戦 家康の戦略と幕藩体制』講談社、2008
小和田哲男『戦国の合戦』学習研究社、2008
池上裕子『織豊政権と江戸幕府 日本の歴史（15）』講談社、2009
小和田哲男『戦国の群像』学習研究社、2009
池享『知将 毛利元就』新日本出版社、2009
堀新『天下統一から鎖国へ 日本中世の歴史（7）』吉川弘文館、2009
藤本正行『桶狭間の戦い 信長の決断・義元の誤算』洋泉社、2010
黒田基樹（監修）『戦国大名（別冊太陽 日本のこころ）』平凡社、2010
山田邦明（編集）『ジュニア 日本の歴史（4）』小学館、2011
平山優『真田三代』PHP研究所、2011
藤井讓治『天下人の時代 日本近世の歴史（1）』吉川弘文館、2011
外川淳『カラービジュアル版 戦国大名勢力変遷地図』日本実業出版社、2012
池上裕子『織田信長』吉川弘文館：新装版、2012
谷口克広『信長と家康―清須同盟の実体』学研パブリッシング、2012
池享『東国の戦国争乱と織豊権力 動乱の東国史（7）』吉川弘文館、2012
西股総生『「城取り」の軍事学―築城者の視点から考える戦国の城』学研パブリッシング、2013
谷口克広『信長の政略 信長は中世をどこまで破壊したか』学研パブリッシング、2013
丸島和洋『戦国大名の「外交」』講談社、2013

堀新（著）、中野等（著）、李啓煌（著）、牧原成征（著）ほか『岩波講座 日本歴史〈第10巻〉近世（1）』岩波書店、2014
神田千里『織田信長』筑摩書房、2014
金子拓『織田信長〈天下人〉の実像』講談社、2014
日本史史料研究会編（著）『信長研究の最前線』洋泉社、2014
長浜市長浜城歴史博物館（編集）『菅浦文書が語る民衆の歴史――日本中世の村落社会』長浜市長浜城歴史博物館、2014
黒田基樹『戦国大名 政策・統治・戦争』平凡社、2014
平山優『長篠合戦と武田勝頼 敗者の日本史（9）』吉川弘文館、2014
藤田達生『天下統一――信長と秀吉が成し遂げた「革命」』中央公論新社、2014
藤井讓治『戦国乱世から太平の世へ〈シリーズ 日本近世史①〉』岩波書店、2015
大津透（編集）ほか『岩波講座 日本歴史〈第9巻〉中世（4）』岩波書店、2015
高埜利彦『天下泰平の時代〈シリーズ 日本近世史③〉』岩波書店、2015

図版制作 有限会社シグロ／あべまき

本作品は当文庫のための書き下ろしです。

石黒拡親（いしぐろ・ひろちか）
愛知県出身。一九九〇年、東京学芸大学教育学部卒業。現在、河合塾講師。学校の日本史が暗記ばかりでイヤになってしまった人にも、「大人になった今こそわかる歴史のおもしろさ」を伝えたいと願う。
著書には『2時間でおさらいできる日本史』『2時間でおさらいできる日本史 近・現代史篇』（だいわ文庫）、『いっきに読める日本の歴史』（中経出版）、『マンガ 幕末は「論争」でわかる』（KADOKAWA／メディアファクトリー）、『きめる！ センター日本史』（学研）などがある。
公式ウェブサイト「でるとこ攻略日本史」 http://www.derutoko.com/

だいわ文庫

2時間《じかん》でおさらいできる戦国史《せんごくし》

著者 石黒拡親《いしぐろひろちか》

二〇一五年八月一五日第一刷発行
二〇一七年一一月三〇日第六刷発行

発行者 佐藤 靖
発行所 大和《だいわ》書房
東京都文京区関口一―三三―四 〒一一二―〇〇一四
電話 〇三―三二〇三―四五一一
振替 〇〇一六〇―九―六四二二七

フォーマットデザイン 鈴木成一デザイン室
本文デザイン 福田和雄（FUKUDA DESIGN）
本文イラスト 福田和雄（FUKUDA DESIGN）
本文印刷 シナノ
カバー印刷 山一印刷
製本 ナショナル製本

ISBN978-4-479-30549-1
乱丁本・落丁本はお取り替えいたします。
http://www.daiwashobo.co.jp